推す力

人生をかけたアイドル論

Akio

a pilot of wisdom

まえがき――「推す力」を生きて

もはやシニアと呼ばれる年齢となった我が人生とは、いったい何だったんだろう？　時折、ふと考えることがある。

「推し」という言葉を耳にするようになって、ハタと気づいた。ああ、そうか、自分はずっと「推し」ていたんだな、と。

「推し」とは、応援しているアイドル、タレント、芸能人などのことをいう。アイドルファンの周辺から広がった言葉だ。

芥川賞を受賞した小説『推し、燃ゆ』やアニメドラマ『推しの子』などが話題になった。「推し活」という、好きなものを応援する活動を表す言葉が、流行語大賞にノミネートされてもいる。

「推し」という言葉は、ずいぶんと古くからあった。

えっ、いつからあったの？

「推古天皇の時代から」なあんて小ネタを考えたりもして。

面白いのは、「推し」が「推しメン」の略であり、「推しメン」が「推しメンバー」の略であるということだ。アイドルグループで、自分がひいきにしているメンバーの呼称である。なるほど、これはグループアイドルを前提とした言葉なのだ。

日本のアイドル文化は、１９７０年代に始まった。かつての70～80年代との大きな違いは、現在はソロのアイドルが見られなくなったということだ。ほとんどがグループアイドルである。

ＡＫＢ48から派生した48グループや、乃木坂《のぎざか》46を筆頭とするいわゆる〝坂道系〟はグループというより、もはや巨大なアイドル集団だ。現代のアイドルシーンの特徴は、圧倒的に人数が多いことである。そこからファンは自らの「推し」を見つける、という次第。

48グループ、坂道系のプロデューサーは、秋元康《あきもとやすし》。80年代に、おニャン子クラブの作詞家として知られた。おニャン子とＡＫＢ48、乃木坂46の違いは何だろう？

『セーラー服を脱がさないで』や『バレンタイン・キッス』は、女の子が男性に対して呼びかける恋愛の歌だ。対する『大声ダイヤモンド』（AKB48）や『サイレントマジョリティー』（欅坂《けやきざか》46）は、一人称が「僕」「僕ら」という男性の側からの呼びかけなのである。

これは、どういうことだろう？

アイドルのライブ空間を次ページのような図にしてみた。

①は通常のスタイルだ。アイドルとファンはステージと客席で向かい合っている。アイドル（女子）が主体（わたし）で、客体（あなた）であるファン（男子）に対して呼びかける恋の歌を唄う（もちろん女子のファンもいるが、ここでは割愛して、男／女の関係に図式化する）。

②がAKB48や乃木坂46の世界である。アイドルとファンが向かい合っているのは変わらない。しかし、歌の世界では女子であるアイドルが「僕」「僕ら」の一人称で唄うことで、客席のファン（男子）と一体化するのだ。劇場空間とは別の、歌による仮想空間が存在して、そこではアイドルとファンとは同一方向に向かっている。

そう、これが「推す力」ではないか？

AKB48が注目を浴びたのは、2010年の第2回選抜総選挙で絶対的エースと呼ばれた前田敦子を破って、大島優子がトップに輝いた時だ。その際、彼女はこうスピーチして

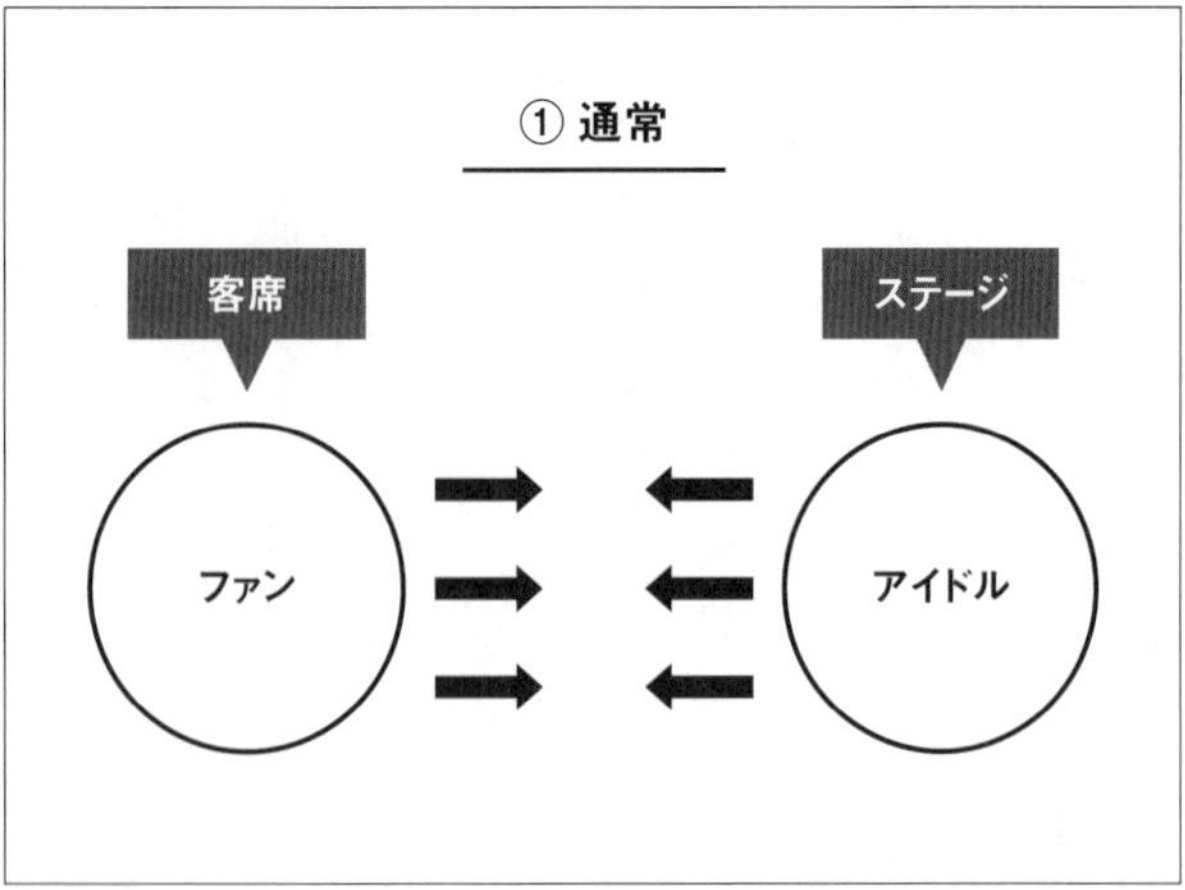
① 通常
客席
ステージ
ファン
アイドル

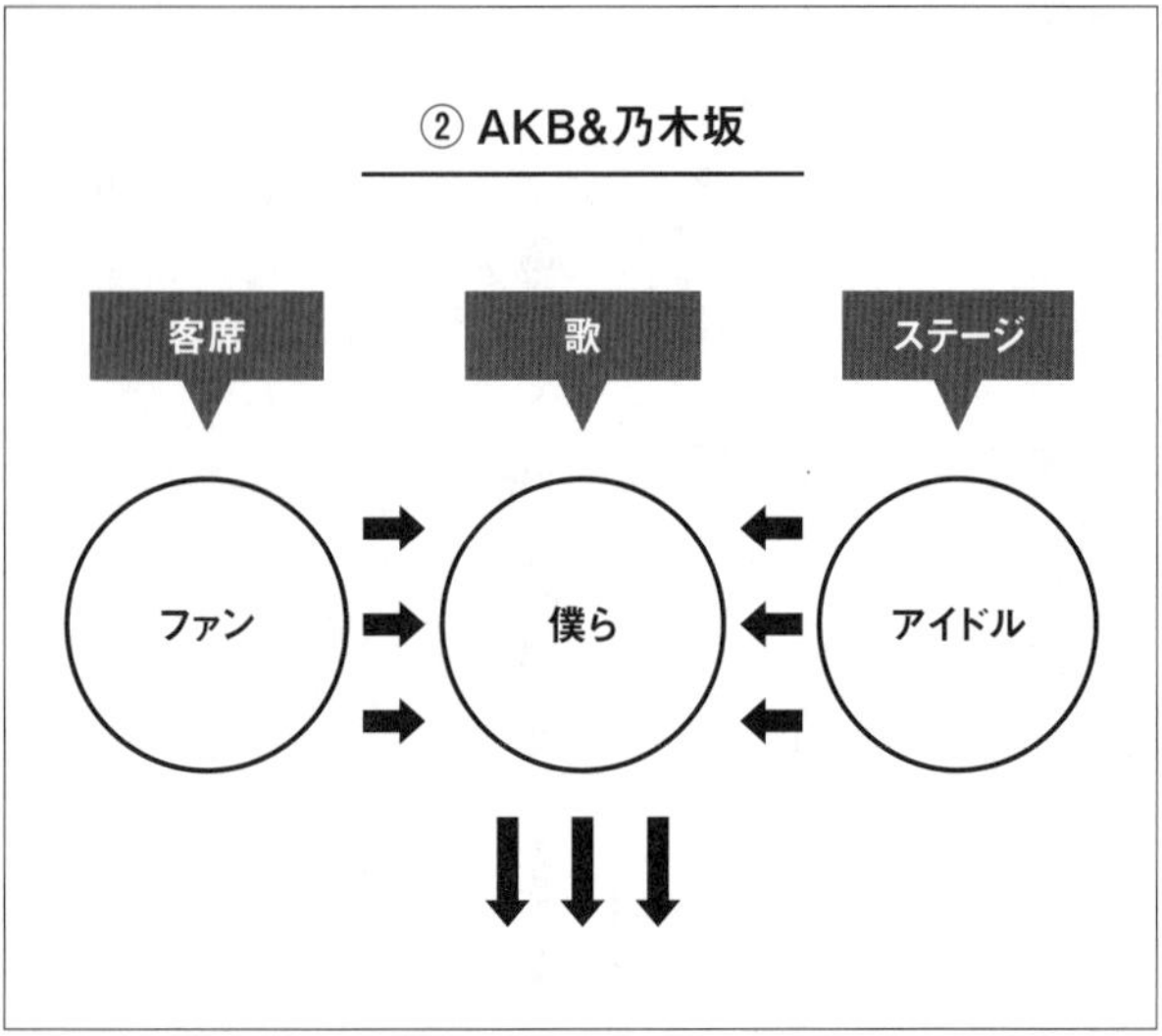
② AKB&乃木坂
客席
歌
ステージ
ファン
僕ら
アイドル

いる。

「私は去年、背中を押してくださいと言いましたが、今年は1位。背中を押してくださいとは言いません。（私に）ついてきてください」

そう、やはりアイドルとファンとは同じ方向を向いているのだ！　ＡＫＢ48には『ポニーテールとシュシュ』という曲もあったが、君のポニーテールを追いかける「僕」は、なるほど同一方向に向かっている。

男子が女子と対面して「押す」というと、強引な恋のくどきを連想する。いわゆる〝壁ドン〟がそうだ（これは「推す力」というより、強引に押す＝雄（オス）の力である）。しかし、大島優子の言うように「背中を押す」、つまり背後に廻《まわ》って同一方向に力を加えるのが、そう、「推す」ということなのだろう。

１９７０年代、初期のアイドルたちの去り際の言葉に着目したい。「普通の女の子に戻りたい」と叫んでキャンディーズは解散した。「幸せになります」とマイクを置いて、山口百恵《ももえ》は引退・結婚した。自らの幸福を芸能活動より優先したのだ。

２０１０年代のアイドルは、どうだろう？　「私のことは嫌いでも、ＡＫＢ48のことは嫌いにならないでください」と前田敦子は叫んだ。自身よりもアイドルグループのほうを優先している。自らを「押す」より、自分以外の誰かを「推す」へ。まったく対照的だった。ここにもまた「推す力」、利他的な生き方への方向転換が見て取れる。

最初は向かい合っていた。自らの想いを優先して「押し」ていた。いつしか背後に廻って、誰かの背中を「推し」ている。さながら我が人生のようだ。

幼少期にアイドルに魅せられた。時を経て、ライターとしてその魅力を伝える仕事を続けた。気がつけば、アイドルというジャンルの全体を応援する立場に立っている。

「推す力」を、ずっと生きてきた。

私はこの力こそが、人々を幸福にして、世界を豊かにする、最大のパワーだと信じている。とはいえ、その力の内実を、理屈で説明しつくすことはできない。

そこで自らの生きた「推す力」をたっぷりとつめ込んだこの本を書いたのだ。これは私の人生をかけたアイドル論である。

自分が好きなものを追いかけることが、やがて自分以外のものが棲《す》むこの場所を、この時代を応援することになる。
そう、「推す」ことは、世界を肯定することなのだ!!

目次

まえがき――「推す力」を生きて　3

序章　それは南沙織から始まった　19

日本のアイドル第1号
〝アメリカの影〟を帯びたアイドル
アイドルをめぐる〝心の旅〟

第一章　1970年代のアイドル体験　29

中学生男子のある日曜日
「アイドル」の定義
ピンク・レディーが与えた影響
1974年夏、後楽園にて
アイドルに逢える街
三東ルシアとの再会

1998年夏、日比谷にて

note

☆天皇陛下のアイドル論

第二章　山口百恵から松田聖子へ

——1980年の女王位継承——

みんな南の島からやって来た
〝虚構の時代〟にデビューして
赤いスイートピーは存在しなかった
戦後芸能史のレジェンド
山口百恵の最大のヒット作品
女性アイドルの結婚・出産
松田聖子と「時代」

第三章　小泉今日子と中森明菜
　　——1982年組の二つの星——83
新人アイドル大豊作の年
中森明菜の物語
ぴかぴかのキョンキョン
『スター誕生！』の特番に……
明菜と小泉
アイドルを真に愛していた男
note ☆後藤久美子と宮沢りえ
第四章　〈チャイドル〉ブーム始末記——111
チャイルド＋アイドル
『Ｎａｍａ･ｉｋ･ｉ』を売るには？

社会現象になった〈チャイドル〉
篠山紀信と少女たち

第五章　さらば、沖縄の光　127
南の島の貴種流離譚
〝自発性〟と過酷な現実
「踊れ、踊れ、踊れ!!」
真っ青な海に見えた光
note ☆加護亜依は勝新太郎である

第六章　『時をかける少女』の40年　149
脱がせ屋・大林宣彦
アイドル映画とは何か

「原田知世は天才です」
『時かけ』の答え合わせ
〝妹〟から理想の恋人へ
ダンデライオンの花束

第七章　竹内結子の肖像

初仕事、初取材
アイドルは女優よりも位が低い!?
幻の共演
その報せは突然、届いた
SMAPと「結子ちゃん」
喪失の年

note

☆アイドルの未来

第八章　２０１０年代のアイドル復活――187
秋元康が新たに仕掛ける
〝アイドル戦国時代〟の到来
最大公約数から最小公倍数へ
『ＡＫＢ48白熱論争』
アイドルを評論するということ
岡田有希子の自死
人生を変えた『あまちゃん』
コロナ禍とアイドル
第九章　あいみょんと「下降する時代」――215
夜明け前の牛丼屋で
恋人の痕跡が消された歌
我がフォークアイドルたち

フォークの神様が会いたかった女
「3636」の意味とは？
時代はどんどん下降していく
note ☆平手友梨奈とは何だったのか？

終　章　アイドルを「推す」ということ——237
あの女の子を推した証拠
シンデレラの魔法
矜持と情熱

図版作成・本文レイアウト／ＭＯＴＨＥＲ

序章　それは南沙織《さおり》から始まった

日本のアイドル第1号

Q　南沙織がデビュー曲をリリースした時、いったい何歳でしたか？

A　17歳！

……ブー！　残念でした。

たしかにデビュー曲のタイトルは『17才』だった。が、発売日は1971年6月1日で、彼女の誕生日は1954年7月2日なのだ。正確には16歳11か月だったというわけ。

南沙織は日本のアイドル第1号である。つまり、アイドルは一番初めから虚構を孕《はら》んでいた――これが私のアイドル論だ。

1971年、私は11歳だった。三重県の海辺の街に住む小学生である。ある日、兄の部屋へと忍び込み、机の上にあるものをそっと手に取った。トランジスタラジオだ。スイッチをひねった。

その瞬間である。突然、音楽が鳴り出した。軽快なメロディー、女の子の歌声が聴こえる。

目の前がパッと明るくなった。まわりの景色が急速にカラフルになったみたいだった。心地いい。心がウキウキと弾んだ。

これが私の一番初めのアイドル体験だ。ハートをぎゅっとわしづかみにされた。やがてアイドルの魅力を語ることが私の生涯の仕事になった。その時、流れていたのは、そう、南沙織の『17才』である。

それから36年後――。

2007年春、私は47歳になっていた。ライター生活を続けて四半世紀、それまで書いたアイドル論をまとめて『アイドルにっぽん』（新潮社）と題する本を上梓《じょうし》した。篠山紀信《しのやまきしん》論も収録されている。長く雑誌で一緒に連載もした大先輩の篠山氏に電話をかけ、本のことを告げた。すると「よし、お祝いしよう！」と食事に誘ってくださった。

青山の高級中華料理店のテーブルに着くと、篠山氏が現れる。

「中森さん、アイドルを連れてきたよ」

目を見張った。

南沙織がそこにいた！

いや、南沙織は芸名であり、篠山氏の夫人・明美さんを伴われていた、というのが正確だろう（現在では愛称で「シンシアさん」と呼ばれている）。

「中森さんの隣におつきしなさい」と篠山氏が言う。目の前には日本一の巨匠写真家がいて、隣席では南沙織が微笑《ほほえ》んでいる。ちょっと信じられない。シンシアさんは三児の母であるが、その美しさはアイドル時代とまったく変わっていない。そう告げると「いやあ、維持費がかかっているんだよ。家では、ほら、冷凍睡眠装置に入れてるから」と篠山氏が笑う。シンシアさんも苦笑されている。

請われて私は自著にサインした。

〈アイドル写真家・篠山紀信様
永遠のアイドル・シンシア様〉と添えて。

「まあ」と篠山夫人が笑った。

「『色づく街』がいいんだよな、南沙織の歌では」と篠山氏が鼻歌を唄う。シンシアさんが微笑み、しばしのアイドル談義となった。

チンタオビールで乾杯して、美味《おい》しい中華料理に舌鼓を打つ。子供時代の憧れのアイドルが隣席にいた。そうして私のグラスに老酒《ラオチユウ》をお酌してくれる。ああ、なんだか夢のようだ。

"アメリカの影"を帯びたアイドル

南沙織の名づけ親は、酒井政利氏だった。CBS・ソニーのプロデューサーである。郷ひろみ、山口百恵、キャンディーズらを世に送った。いわば日本のアイドル文化の生みの親だ。

酒井氏にお話を伺ったことがある。当時のCBS・ソニーは米国CBSレコードの日本支社的な立ち位置にあり、当初は洋楽の日本版を手掛けていた。日本独自の新しいシンガーを世に送りたいと、まずフォーリーブスを出し、そうして沖縄に住む内間《うちま》明美という少女に目をつけた。それまでの芸能界のイメージとまったく異なる、新しいアイドルとしてデビューさせたのだ、と。

アイドル(idol)という言葉は外来語だ。60年代にもアイドル的な歌手は存在した。しかし、南沙織はそれらと一線を画す新たな時代のアイドル第1号として誕生したのだ。

当時の沖縄は、まだアメリカの統治下にあった。返還の1年前である。アメリカ統治の沖縄に住む少女が、米国傘下のレコード会社からデビューした。それが日本のアイドル第1号となったことの意味は大きい。

我が国のアイドル、及び芸能界は明らかに〝アメリカの影〟を帯びている。太平洋戦争で日本は敗戦した。占領軍が上陸し、日本の各地に米軍キャンプが敷設される。米兵たちに娯楽を提供するため日本人バンドが多数組まれ、キャンプをめぐって演奏した。そのバンドマンの出身者が戦後の芸能界を創始し、やがて重鎮となる。渡辺プロダクションの渡邊晋《しん》、ホリプロダクションの堀威夫《たけお》、サンミュージックプロダクションの相澤秀禎《ひでよし》らだ。

これが逆だったら、どうだろう。もし、日本がアメリカに勝利していたら？　日本軍がアメリカに上陸し、キャンプを敷く。日本兵たちに娯楽を提供するためアメリカ人バンドが組まれ、キャンプ巡りをする。おそらくフランク・シナトラやエルヴィス・プレスリーは演歌を唄っていただろう。

これが私の「敗戦後アイドル論」と題する一文の骨子だ。敗戦国ニッポンが戦勝国アメリカの影響下で芸能界を育み、やがて米国の通貨価値の絶対性が揺らぐドルショックのその年（71年）に、アメリカ統治下の沖縄からやって来た女の子が〝日本のアイドル第1号〟として、新時代のその扉を開く。

今、私の隣席で、老酒に酔い、頬を染めている美しい女性……シンシアさんこそ、その人なのだ。

1971年。16歳の彼女は、当初、母親と一緒に上京していた。当時の沖縄は、今よりはるかに遠かった。やがて、たった一人で飛行機に乗り、東京へと向かう日がやって来る。それがどんなに心細かったか……。

切々とそう語るシンシアさんの瞳は、さながらタイムトラベルしたように——少女の頃そのままの輝きを帯びていた。

〈〽私は今　生きている〉

ふいに、『17才』のサビのリフレーンが、耳に甦《よみがえ》ってくる。私はひたすら感動していた。

アイドルをめぐる〝心の旅〟

それは南沙織から始まった。

1971年に開いたアイドルというジャンルの扉は、昭和、平成を経て令和に至り、半世紀余りの時を過ぎて、いまだ隆盛を誇っている。11歳でその衝撃を受け、もはや還暦を過ぎた。かつて新人類とも、おたく世代とも呼ばれた昭和30年代半ば生まれ、天皇陛下と同年配の私たちこそが、アイドルの歴史をその最初期からリアルに体験した最後の世代になるだろう。

アイドルの魅力を語ることを仕事にした。ずっと続けてきた。そうして、いまだに一人暮らしである。いわば〝おひとりさまシニア〟だ。そんな私でしか語りえないものがある。インターネットで検索しても絶対に出てこない。生成ＡＩ、ＣｈａｔＧＰＴには決して書けない。そんなアイドルをめぐる個人的な体験。さらにそれらを時代相の中に位置づけて、公的な視野で評する――きっとそれは私にしかできないはずだ。

いや、そんなかたっくるしい話じゃない。アイドルをめぐる使えるネタ、ウケるネタをいくつも披露しよう。「南沙織がデビュー曲をリリースした時、何歳だったと思う?」。つい、知人にしたくなるようなそんな話を。懐かしくも、楽しい回顧録だ。

アイドルをめぐる〝心の旅〟である。

「お父さん、うちにマッサージの方を呼んでるんじゃない？　そろそろ……」

シンシアさんが言う。食事を終えて、歓談の時も過ぎた。

「ああ、そうだな」と呟《つぶや》いて、篠山紀信氏が立ち上がる。

「中森さん、今日は楽しかった。ぜひ、またアイドルについて面白い話を書いてください」

店を出ると、お二人は車に乗り込んだ。その後ろ姿は、もう始原のアイドルでも巨匠写真家でもない。仲良く寄り添う熟年夫婦のものだった。

その姿を見送って、私は帰路につく。ネオンのきらめく夜の青山通りだ。なんだか心が躍る。弾むように足取りも軽い。

満更、自分の人生も捨てたもんじゃなかったじゃないか……。

いつしか懐かしい歌を口ずさんでいる。

目の前に見えるのは……〝色づく街〟だった。

第一章　１９７０年代のアイドル体験

中学生男子のある日曜日

〈時代は感受性に運命をもたらす〉

これは堀川正美《まさみ》の詩の一節だ。なるほど、人は生まれる時代を選べない。いつ、どこで生まれ、どういう時代に青春期を送ったかによって、その人の感受性の大きな部分が決まってしまう。それを運命と呼んでも決して大げさではないはずだ。

今、私はこの「運命」を「アイドル」と読み換えてみたい。

１９６０年に生まれ、１９７０年代に10代を過ごした。それが私の感受性に何か決定的なものをもたらしたのだろう。

70年代前半、三重県の海辺の田舎街である。そこに暮らす中学生男子を思い浮かべてほしい。

これはある日曜日のスケッチだ。

「〽やさしさに～包まれたなら～」とどこか甘酸っぱい女性ボーカルの歌声が聴こえる。

「〽ソフトエクレア〜」と続いて……ジャ〜ン、「不二家歌謡ベストテン！」と高らかに男の声が上がった。

「おはようございます。楽しい日曜日の朝、いかがお過ごしでしょうか？　新しいヒット曲でつづる『不二家歌謡ベストテン』、ご案内のロイ・ジェームスです」

そこで目が覚めた。

女の子の顔が見える。髪を二つに結んで、真っ白な歯を見せて笑う可憐《かれん》な少女が、赤い風船を手にして、ジッとこちらを見ていた。

浅田美代子だ。

天井に貼られた巨大ポスターである。「明星」の付録。去年は麻丘《あさおか》めぐみで、その前は南沙織だった。

朝、起きると、お気に入りのアイドルとパッと目が合う。その瞬間、にんまりと笑う。坊主頭の中学生男子はゴキゲンになるのだった。

「ここ東京の中心、西銀座サテライトスタジオからお送りする……あらゆる資料をもとに、ニッポン放送音楽委員会が選定する歌謡ベストテン……」

ラジオからは、独特の威張ったオヤジ感むんむんのロイ・ジェームスのダミ声が聴こえている。コンセントをタイマーでつないで、日曜の朝は、この番組で目を覚ますことにしていた（ラジオカセットレコーダーはまだ普及していない。少年がラジカセ――東芝アクタスを手に入れるのは数年先のことになる）。

あの甘酸っぱい声でオープニングのCMソングを唄っていたのは、どうやら荒井由実という女の子らしい（「明星」の情報ページで知った）。

さて、今週もベストワンはジュリーこと沢田研二だろうか？　我がお気に入りの浅田美代子の新曲はベストテン入りを果たすだろうか？　ぼんやりそんなことを考えながら、ベッドから身を起こす。ベッド……とは言っても、それはビールケースを何個も逆さに置いて並べ、その上に段ボールとふとんを敷いたお手製のものだったが（少年は酒屋の次男坊なのである）。

枕元には「明星」と「平凡」のバックナンバーが散乱していた。ところどころカッターナイフで切り取られている。好きなアイドルのグラビアページを切り取ってクリアファイル（当時だと透明な下敷き？）に入れるのは、あの頃の中学生の定番になっていた。「明星」

や「平凡」の付録の歌本をパッと開いて、そのページの歌を唄うのは遠足のバスの車中でのお決まりの儀式である。そういう時代だった。

ラジオからは次々とベストテン歌謡曲が流れる。淡々と事務的に順位を読み上げていたロイ・ジェームスが、直言コーナーになると、急に意地悪な声音になって音楽業界を批判したり、アイドル歌手に辛辣な苦言を浴びせたりする……不快になった。楽しい気分が台無しだ。ああ、嫌だ、絶対に自分はこんな「アイドルを評論する」大人にだけはなるまい、と少年は固く心に誓う。

うだうだしていて、もう午前11時だ。慌てて階段を駆け下り、茶の間へ。テレビをつけた。年端もいかない女子が懸命に唄っている。

『スター誕生!』だ。

この番組には驚いた。素人が参加してスターをめざすオーディション番組である。初代グランドチャンピオンは森昌子《まさこ》で、13歳だった。ほぼ自分と歳《とし》が変わらない。さらにエンジェルハットをかぶった秋田娘・桜田淳子《じゅんこ》が現れ、暗い瞳をした山口百恵……〝花の中3トリオ〟と呼ばれ注目を浴びている。クラスの同級生が芸能界入りして、人気アイドルになってゆくその様をリアルに見ているよう。アイドルといえば、もっと〝お姉さん〟の年齢だと思っていたのに……。

審査員の阿久悠《あくゆう》は、顔が恐《こわ》い。笑った顔を見たことがない。都倉俊一《とくらしゅんいち》も、三木《みき》たかしも、森田公一《こういち》も……出場者の子供相手に真剣そのものだ。「歌のオバサン」こと松田トシの審査評に当たった出場者は御難である。「あなた歌、へたっぴぃね〜。歌手？　やめたほうがいいわよ」と超辛口で責めたてられる。あげくに「ア・イ・ウ・エ・オ」と大きく口を開けて発声の練習をさせられてしまうのだ。

なんとかなだめるのが司会の萩本欽一《はぎもときんいち》、そう、欽ちゃんである。合格者が出ると、両手を上げてバンザーイと叫ぶ。が、今日は1人も合格点に達しなかった。悲しそうな顔をした欽ちゃんが「バンザーイ」と上げた両手を横に倒して「……無しよ！」とよろけてみせた。

お昼になって母親が茶の間に料理を運んでくる。うわっ、またサカナの煮付けだ!?　黒々とした骨だらけのサカナが少年は苦手である。自分一人だけボンカレーでも作って食べようかな……。

姉が、兄が、お店の従業員らがやって来て食卓を囲む。最後に現れた苦虫を嚙《か》みつぶしたような顔の父親が、無言のままテレビのチャンネルを変えた。

『NHKのど自慢』である。

日曜のお昼、家族で食卓を囲んでこの番組を見るのが、なんとも苦痛だった。どこかの田舎のオッサンやオバチャンがヘタな歌をうなりまくって、カ～ンとカネが鳴る……家族一同、笑い。たまらない。日本よ、滅びろ。NHKをぶっつぶせ。

昼食が済んで、家族が茶の間から去って、また少年は一人になる。ほっとした。苦痛な時間は過ぎた。さて……

午後1時15分、『TVジョッキー』が始まる。深夜ラジオのディスクジョッキー、そのテレビ版といった感じ。生番組のスタジオに若者たちがつめかけていた。司会は土居《どい》まさる。アシスタントは児島美《こじま》ゆき《み》……そう、ドラマ『ハレンチ学園』で毎回スカートをめくられ、パンツを見せていた十兵衛だ！（やにわに半ズボンの股間がもっこりとふくれあがる）

珍妙な特技を披露する奇人変人コーナー、女子ボインちゃん大会が強烈な珍人集合——優勝者には白いギターとエドウィンのジーンズが贈呈される。

芸能コーナーが始まった。つるんとハゲたメガネの御意見番・福田一郎センセイが時折、講釈を垂れまくる。なんだ、このオヤジ……芸能評論家？　ロイ・ジェームスと並んで苦手なタイプだ。

「さて、今日はフレッシュなゲストをお招きしておりま〜す」

土居まさるアニキがカン高い声を張り上げた。スタジオの中央には少年と少女が並んで座っている。後に「ボク、食べる人」のインスタントラーメンのＣＭで物議をかもす、美少年・佐藤佑介《ゆうすけ》に興味はない。問題は、その隣で微笑んでいる女の子——。

長い黒髪を真ん中わけしている。映画『ロミオとジュリエット』のオリビア・ハッセーみたい。大きな瞳が澄んで、笑顔が愛らしい。何より、ものすごく短いスカートをはいて座っているので、今にもパンツが見えそうだ。思わずごくりと生唾を飲み込む。

「原田美枝子クン」と土居まさるは紹介した。女子アイドルをなぜか「クンづけ」して呼ぶのは、青年誌グラビアの奇妙な慣習だった。

〈原田美枝子クンに励ましのファンレターを書こう！　返事がもらえるカモ……〉

てな調子である。

で、原田美枝子クンは15歳の高校1年生、公開されたばかりの映画で佐藤佑介と共に初主演を務めていた。つまりプロモーションのために『TVジョッキー』に出ていたってわけだ。

映画は『恋は緑の風の中』という（巨匠・家城巳代治《いえきみよじ》監督の遺作となった。主題歌はフォークグループ・アリスが唄う）。中学生男女の幼い恋を描いた日本版『小さな恋のメロディ』的なものらしい。

映画のワンシーンがテレビ画面に映った。少年の夢、幻想の森を薄物の下着のようなベールをなびかせ走る原田美枝子……と、ベールが脱げてパッと裸の胸があらわになる。特大のバストがぷるんぷるんと揺れていた。

衝撃が走った！

スタジオに戻ると、頬を赤く染めてうつむく原田美枝子クン……そのベビーフェイスとあまりにも対照的な大きな胸（〝巨乳〟という言葉はまだなく、〝ボイン〟と呼ばれていた。〽ボインは～……と月亭可朝《つきていかちょう》は『嘆きのボイン』を唄っていた）。その特大バストの残像が、少年の脳裏にくっきりと焼きついた。ただただ、呆然《ぼうぜん》としていた。

ハッと気がつくと、部屋には西日が射している。『笑点』のオープニングの音楽が鳴り、さらには『サザエさん』の主題歌が流れて……ため息をつく。

ああ、また日曜日をムダに過ごしてしまった。間もなく月曜日だ。学校だ。宿題はやっていない。これから長〜い1週間が始まる。

毎度のような後悔の念と、日曜の夕刻の〝サザエさんブルー〟が少年を襲う。

だが、しかし……。今日ばかりは違った。そう、『TVジョッキー』で見た、自分とさほど歳の違わない少女、あの美しい容姿、あの愛らしい笑顔、そうして今にもパンツの見えそうなあの短いスカート、さらにそうしてぷるんぷるんと揺れるあの……あの特大のバスト……。

たまらなく甘酸っぱいものを感じていた。ひそかに半ズボンの前をふくらませながら。

そういえば、土居まさるは言っていた。

「これから映画の舞台挨拶がありま〜す。原田美枝子クンに会いたい諸君は……今すぐ、有楽町の映画館に全員集合!!」

ええっ！　会えるのか、原田美枝子クンに!?

ああ、しかし……。

ここ三重県の伊勢志摩の漁村から、有楽町の映画館はあまりにも遠い。今すぐ？　無理だ。行けない。がっくりと落胆して、うなだれる。肩を震わせ、しばらくそうしていた。

やがて顔を上げて、こぶしを握り締め、（『巨人の星』の星飛雄馬《ほしひゅうま》のように）瞳にめらめらと炎を燃やしながら、少年は誓う。心の中で叫ぶ。

「東京へ行かなければならないっ!!」

……と、まあ、日本の一地方に住む、70年代前半の中学生男子のある日曜日――をスケッチしてみた。誇張もあろうし、不正確な記述も多々あるだろう。だが、あえてインターネットで検索調査せずに、自分の記憶だけを頼りに再現してみた。そう、誤解や誇張や記憶の歪《ゆが》みをも含めた、その幻想性こそ〝アイドル〟文化をかたちづくるものなのだ。

（アイドルは、永遠に14歳少年の心の中に宿る!!）

とはいえ、あれから半世紀が過ぎた。今や私は還暦過ぎの独居シニアである。肩書きは、アイドル評論家。タイムマシーンに乗って、70年代前半に戻り、あの日曜日の少年に「おまえは将来、ロイ・ジェームスのような〝アイドルを評論する〟大人になるのだよ」と告げたら、どうだろう。「嫌だ、ウソだ、やめろ〜っ!!」と泣き叫ぶのではないか？　皮肉なものである。

「アイドル」の定義

さて、ここで1970年代のアイドルシーンについて振り返ってみよう。

1971年に始まる――。

これは日本のアイドル史にとって決定的なことだった。前年、70年には日本万国博覧会が開かれている。入場者数6421万人、日本人の半数以上もが押しかけたのだ。戦後の総決算的イベントである。11月には作家・三島《みしま》由紀夫が割腹自殺を遂げた。

71年、ドルショックが勃発、オイルショックが追い討ちをかける。高度経済成長が頓挫した。他方、70年安保闘争の敗北によって、全共闘学生の反乱は終結、72年には連合赤軍事件が起きる。政治の季節は終わり、一転、シラケの時代となった。世の中のムードが、がらりと変わったのだ。

そういう時代《とき》に日本のアイドルが誕生した。なるほど、明らかに若い芸能人の放つオーラも一変している。71年にデビューした南沙織、小柳ルミ子、天地真理《あまち》は新三人娘と呼ばれた。美空《みそら》ひばり、江利《えり》チエミ、雪村《ゆきむら》いづみの三人娘のフォロワーだ。60年代に活躍した三人娘は、いわば「スター」であり、その主要舞台は映画館のスクリーンだった。対する70年代の新三人娘は「アイドル」と呼ばれ、お茶の間のテレビをメインステージとする。人気芸能人が一挙に大衆の身近なものになった。

同じく71年には『スター誕生!』というテレビ番組が始まった。先述の通り、視聴者参加型のオーディション番組である。初代グランドチャンピオンは森昌子で、当時13歳だった。同学年の桜田淳子、山口百恵が続いて〝花の中3トリオ〟と呼ばれる。彼女らの活躍こそが、70年代のアイドルブームを決定的なものにした。

ポイントは二つある。一つめは、低年齢化だ。花の中3トリオの活躍を見て、日本全国の子供たちがアイドルになることをめざした。

二つめは、公開性である。この番組では、決戦大会の出場者に対して芸能プロダクションやレコード会社のスタッフがプラカードを上げるシステムが取られた。その様は、当初「人買い番組」とも呼ばれ、猛批判される。発案者は、審査員の阿久悠だ。阿久は、芸能界の暗部、見えない部分をおおやけにしてクリーンにしたかったという。つまり本来、裏方のスタッフが名前と顔を出して札を上げることによって、責任を取らせる。そのプロセスを透明化する。素人が芸能人になる過程そのものを、視聴者に公開したのだ。

これは画期的なことだった。完成されたプロではない。未完成のアマチュアが成長してゆくプロセスを見せることこそがエンターテインメントになった。しかも、その主役は低年齢の少女たちなのである。

①若いこと、②未完成であること、③成長する様を（ファンが）応援すること。

これが「アイドル」の（暗黙の）定義《ルール》となった。

ピンク・レディーが与えた影響

『スター誕生!』は、皮肉なことにその番組名の「スター」の時代を終わらせ、「スター」未満の「アイドル」たちを大量に輩出した。そうして、〝スタ誕〟が生んだ最大のアイドルこそが、ピンク・レディーである。

番組開始から5年後、1976年のこと。静岡県出身の根本美鶴代《みつよ》、増田啓子は〝クッキー〟という名のフォークデュオを組んでいた。お揃《そろ》いのサロペット姿で番組に出演、合格を果たす。彼女らをピンク・レディーと名づけ、劇的に変身させたのは、阿久悠である。作詞家の阿久が、いわばプロデューサー的な役割を果たしたのだ。

超ミニの奇抜な衣装、両脚を開く大胆な振り付け、キャラクタードラマ的な歌詞の『ペッパー警部』でデビューした。すでに先行するグループ、キャンディーズが人気を得ていた。そのライバルとして二匹目のドジョウを狙った感もある。ところが、意外なことが起こった。キャンディーズのファンは男子大学生が中心だったが、ピンク・レディーに夢中になったのは小学生、しかも女子だった。日本中で幼い女の子たちがパカパカと脚を開いてピンク・レディーの曲を唄い踊ったのだ。

すぐさま阿久悠は方向転換して、子供に受けるキャラクター性の強い世界観の楽曲へと向かう。ピンク・レディーのモデルはディズニーランドであるともいう。なるほど『渚《なぎさ》のシンドバッド』はカリブの海賊で、『UFO』はスペース・マウンテンだったのか!? いや、しかし、東京ディズニーランドの開園は83年だ。それより数年も早い。驚きである。ピンク・レディーの大ヒットは、その後のアイドル界に大きな影響を与えた。当時、唄い踊っていたファンの子供たちが、後に成長してアイドルとなったのだ（小泉今日子や中森明菜ら〝花の82年デビュー組〟等である）。いや、アイドル界だけではない。現在、50代の女性にピンク・レディーの曲を聴かせると、今でも条件反射的に踊れるという（橋本聖子も勝間和代も確実に踊れるだろう）。

この世代の女性たちこそ、80年代中後半、いわゆる〝女の時代〟を謳歌《おうか》した。幼い日にピンク・レディーの歌を唄い踊ることによって、自分たちは何にでもなれる、どこへでも行ける……と欲望を全開にしたのだ。それは来《きた》るべき80年代のためのレッスンだった。つまり、その時、少女たちは「未来に向けて脚を開いていた」のだ。

70年代のアイドルは、ソロ歌手が中心だった。現在、ソロのアイドルは見当たらない。グループアイドル、あるいはＡＫＢ48や乃木坂46ら、いわばアイドル集団がメインである。とはいえ、アイドルをかたちづくるもの——衣装や振り付け、キャラ設定、メンバーカラー、フォーメーションと呼ばれる立ち位置の変化等は、すでにピンク・レディーやキャンディーズの時点で完成している。つまりAKB48やももいろクローバーZが、ステージで『S・O・S』や『年下の男の子』を唄い踊っても、何らおかしくはない。

1971年に誕生したアイドルというジャンルは、70年代後半の時点ですでに完成されていたのである。

1974年夏、後楽園にて

さて、三重県の海辺の街の少年だった私は、74年夏、東京へ行った。14歳、中学3年だった。5歳上の兄が東京の大学へ行っている。夏休みに兄のアパートに転がり込んだのだ。予備校の夏期講習を受けるという名目で、親を説得した。

代々木ゼミナールの原宿校へ行ったが、クーラーががんがんに効き過ぎて気分が悪くなった。結局、たった一日しか行っていない。東京の街をふらふらした。田舎育ちの少年に都会の風景は、見るものすべてが新鮮だった。

インターネットもスマホもない時代に、いったいどうやって情報を得たのだろう? 今となっては不思議だが、アイドルのイベントへ行ったのだ。後楽園のジャンボプールである。慌てて海パンを買って、駆けつけた。

夏休みのジャンボプールは、まさにイモを洗うが如《ごと》き人群れであふれていた。その一画にロープが張られ、ステージが特設されている。アイドルファンとおぼしき汗臭い海パン野郎どもの群れの前に、突如、ひらひらと黄色い蝶《ちょう》のように舞い現れた。

木之内《きのうち》みどりだ。

その年、5月に『めざめ』でデビューした、17歳の新人歌手である。麻丘めぐみや浅田美代子を継ぐ、正統的な清純派アイドルだ。

黄色いミニのひらひらとしたドレスを着て現れた少女、海パン野郎どもは「ウォ〜〜ッ!!」と地鳴りのような唸《うな》り声を上げ、「みどりちゃ〜ん!」「みどり〜っ!!」とコールしていた。私は、呆然とする。

こ、これがアイドルかっ!?

きらきらしていた。まぶしかった。14歳にして生まれて初めて目にした、実物のアイドルである。木之内みどりはまさに人形のようにすらりと細く、しなやかで、愛らしい。ニコッと笑顔を見せると、くらくらした。

デビュー曲の『めざめ』に続いて、9月に発売予定の新曲『あした悪魔になあれ』を唄った。イベントの司会者が、限られた人間にだけ彼女がサインするとアナウンスしたから、さあ大変、野郎どもはワッと前へと押し寄せた。会場警備がずさんで、たちまち規制線は破られる。

「キャーッ!!」

木之内みどりの悲鳴が上がった。あわれ清純派アイドルは海パン野郎どもに群がられ、もみくちゃになっている。その様は、さながら原始的な裸祭りでイケニエとして凌辱《りようじよく》される処女《おとめ》のようだった。

生身のアイドルの美しさ、ファンの男どもの熱狂的な兇暴《きようぼう》さを目にして、衝撃を受け、ただただ私は震えていた。

アイドルに逢《あ》える街

翌年、1975年に私は上京する。15歳だった。私立大学の付属高校の入試を受け、合格したのだ。東中野のアパートで大学生の兄と同居することになる。

もちろん、私のおめあてはアイドルだ。東京はアイドルの棲《す》む都市《まち》である。私が上京するきっかけになった、あのぷるんぷるんと大きなバストを揺らす原田美枝子クンといつか街でばったり逢うかもしれない……。

その年、6月にTBSで『あこがれ共同隊』というドラマが始まった。郷ひろみと西城《さいじょう》秀樹、桜田淳子が主演する。初回ゲストは山口百恵だ。70年代アイドルの全盛期を象徴するドラマである。

原宿が舞台で、デザイナーをめざす郷ひろみが裸の女のマネキン人形を肩に担いで路上を走る。反対側からマラソンランナーの西城秀樹が駆けてきて、その隣でスポーツウェアの桜田淳子が自転車に乗り並走する。両者は明治神宮前の路上で衝突！　その瞬間、喜多《きた》条忠《じょうまこと》・作詞、吉田拓郎《たくろう》・作曲、山田パンダが唄うテーマ曲『風の街』が流れる。なんとも、鮮やかなオープニングだ。

初回放送の翌日、学校帰りに私は原宿へ行った。神宮前の路上に立つ。

ああ、ここだ……。

桜田淳子が自転車を降りて立ったその場所に、そっとひざまずいて、地面に触れてみた。なんだかアイドルのぬくもりを感じるような気がした……。


同じ6月のことである。

「先生、お腹《なか》が痛いです」と嘘《うそ》をついて、私は学校を早退した。めざすは新宿の映画館だ。ああ、とうとうこの日がやって来た。

「原田美枝子クンに会いたい諸君は……今すぐ、映画館に全員集合!!」

土居まさるの声が聞こえる。あの日の悔しい想《おも》いが甦ってくる。そう、私は念願だった映画の舞台挨拶に駆けつけようとしていた。

原田美枝子ではない。

三東《さんとう》ルシアである。

「お魚になったワ・タ・シ」と全裸の少女がバスタブから飛び出す。鮮烈なCMで注目を浴びた。74年、まだ15歳の少女だった。

三東ルシアはその後、青年誌のグラビアで水着姿やセミヌードを存分に披露する。グラビアアイドルという言葉は、まだない。〝元祖オナペット〟と呼ばれた。そう、その頃、日本中の青少年たちが、彼女のお世話になった。70年代半ばに三東ルシアがボーイズたちに放出させたものを集めたら、いったい巨大プール何杯分になることだろう？

その三東が、初主演した映画が『青い性』である。75年6月に公開。同作品で16歳の彼女はオールヌードで濡《ぬ》れ場を披露しているという。これは……見なければならない!!

駆けつけた映画館、新宿東映は意外なことにガラガラだった。どうして平日のお昼にアイドル女優の舞台挨拶をやるのか？　併映は北大路欣也《きんや》主演の暴力映画、さらになぜかベトナム戦争の実録映画が流れた。戦場の死体映像をいっぱい見せられ、気持ちが悪くなり、15歳の私はトイレで吐いてしまった。

いよいよ『青い性』が上映、その前に舞台挨拶である。主演の男優には興味がない。篠山紀信の激写ガール・鹿間《しかま》ケイと共に、三東ルシアがステージに現れる。品のない野次が客席から飛んだ。いかにも盛り場の東映系映画館である。

私は、ただただ三東ルシアだけを見つめていた。猛烈なフェロモンを発散している。ああ、これが……ずっとお世話になってきた女の子か！

あっという間に舞台挨拶は終了する。私は慌てて席を立ち、ステージ袖へと走った。舞台から降りてくる三東ルシアに駆け寄り、右手を差し出す。ニッコリと微笑んだ彼女は、握手してくれた。感動した！　初めて握り締めたアイドルのやわらかい手だった。

三東ルシアとの再会

10年後、「朝日ジャーナル」誌上で私は〈新人類の旗手〉と呼ばれた。25歳で、注目の若手文化人の一人としてちょっとした脚光を浴びたのだ。

「アサヒ芸能」の編集者がやって来て、なんでも好きなことを連載してほしいという。即座に私は、少年時代にお世話になったアイドルたちに会いたいと伝えた。〈あの愛をもう一度〉と題する対談連載で、泉じゅん、ひし美ゆり子、桂木《かつらぎ》文《あや》、田中美佐子、高樹《たかぎ》沙耶《さや》、小森みちこ、高沢順子らに会った。いわば、青春の……いや、性春の〈答え合わせ〉である。

そこで私は、三東ルシアと再会した。10年前、映画の舞台挨拶の後、握手したことを話すと……「ああ、あの時の！」と思い出した顔をする。えっ、ホントかよ？　と少々懐疑的ではあったものの、10年ぶりに握手して、率直に感動したものだ。

……と、このまま「いい話」で終わりたかった。だが、ああ、そうはいかない。

2014年のことである。「週刊現代」のページを開いて、ぎょっとした。

〈元祖セクシー女優が衝撃の「実名」告白

三東ルシア――私を抱いた有名人たち〉

えええ――っ！　目を見張った。記事によると、17歳の三東ルシアの初体験の相手は、なんと……モト冬樹だったという!?　その後、6年間もつき合い、セックスし続けていたのだと。さらに相撲力士の水戸泉、プロ野球選手のジャンボ仲根……と体験相手は続く。

驚愕《きょうがく》した。あまりにも残酷な性春の〈答え合わせ〉だった。

当時の少年たちが、この記事を読んだら、どう思うだろう？　元祖オナペット・三東ルシアにお世話になった……1970年代半ばにボクたちが放出した膨大なものを返してくれっ！　と叫ぶのではないか？

とはいえ当時のモト冬樹は、モテモテのバンドマンだった。この〝バンドマン〟というのがクセ者である。許せん！　我らアイドルファンの天敵なのだ。

そう、木之内みどり――私が初めて目にしたアイドルの顚末《てんまつ》を思い出そう。映画『野球狂の詩』、テレビドラマ『刑事犬カール』の主演を務め、ブレークした木之内だったが、78年の9月、妻子あるミュージシャン・後藤次利《つぐとし》との交際が発覚、米国ロサンゼルスへと逃避行した。あげく電撃引退へと至る。

後藤次利は、かつてサディスティック・ミカ・バンドのベーシストだった。〈ベーシスト、ヤリチン説〉というのがある。女の子を家へ連れ込み、ベースを弾いて、子宮にビンビンと刺激を与えるというのだ!? ビートルズのベーシストはポール・マッカートニー……ポールがマッカ（真っ赤）だ、との俗説《ネタ》もある。後藤は木之内と結ばれるも離婚、さらにおニャン子クラブの作曲家となり、おニャン子の河合その子と再々婚を果たした。後藤次利、許せん！

吉田拓郎と浅田美代子、森下愛子、甲斐《かい》よしひろと『桃尻娘』竹田かほり、長渕剛《つよし》と石野真子《まこ》……とアイドルたちはミュージシャンのエジキとなり続けた。バンドマン、許せん！

そうして、原田美枝子である。原田は『恋は緑の風の中』でデビュー以後、『大地の子守歌』『青春の殺人者』と秀作映画で次々と惜しげもなくその特大バストをさらし続けた。ことに篠山紀信の「GORO」誌でのグラビア「激写」での弾《はじ》けるような肢体は、まばゆいばかりであった。ところが……。

1987年に29歳で結婚、お相手は、石橋凌《りょう》……ああ、やはりバンドマンだ。しかも、あのぷるんぷるんの原田美枝子クンの特大のバストを自由にしたばかりか、米国人女性との不倫が発覚……石橋凌、許せん！

結局、上京してから幾十年かを経たけれど、いまだ私は原田美枝子その人と会ったことはない。

1998年夏、日比谷にて

1998年夏――。

私は38歳になっていた。秋に公開される映画の試写会へと行ったのだ。日比谷にある東宝本社の試写室だった。

平山秀幸監督の『愛を乞うひと』、2時間15分の大作である。主演は、原田美枝子。苦難の生涯を生きる女性を熱演している（原田はこの作品で、あまたある映画賞の主演女優賞を総ナメにした）。

なんとも感慨深かった。自分は四半世紀前にこの人に魅せられて上京を決意したのだ。あの大きな胸の潑溂《はつらつ》とした少女だったアイドル女優・原田美枝子が、今ではアラフォーとなり真の大女優へと成長している。時間《とき》の流れを痛感した。

映画は文句なく素晴らしく、彼女の演技も感動的だ。うるうるした。しかし……。

後ろの席から嗚咽《おえつ》する男の声が聞こえる。やがてそれが大きく、激しくなり、異様な号泣へと至った。珍しい。映画会社での試写は、業界人らがクールな品定めの目で見るもので、みな感情が抑制されている。よほど涙もろい人なのかな？　私は首を傾《かし》げた。

上映が終わった。パッと試写室に明かりがついた。立ち上がって振り返ると、目を真っ赤に腫らした男が泣きじゃくっている。

……石橋凌だった。

あっ、と思った。自らの妻の演技に大の男がこんなに大泣きできるなんて……。感嘆した。そうして、ひそかに心の中で呟いたのだ。

凌さん、やっぱりアンタが原田美枝子の旦那でよかったよ……。
それは私自身の少年時代――そう、1970年代のアイドル体験の〝トラウマ〟との、劇的な和解の瞬間だったのかもしれない。

☆天皇陛下のアイドル論

アイドルの定義とは何か？　その答えは、日本国憲法に書いてある。

第一章、第一条――。
天皇は、日本国の象徴であり日本国民統合の象徴であって、この地位は、主権の存する日本国民の総意に基く。

この「象徴」を「アイドル」と読み換えてみよう。
天皇は、日本国のアイドルである。さらには天皇を「アイドル」と読み換えたら、日本国民は「ファン」ということになる。アイドルとは、ファンの統合の象徴であって、その地位は、ファンの総意に基く。そう、主権はあくまでファンの側に存在するのだ。

戦前、大日本帝国憲法下では、まったく違っていた。

第一条　大日本帝国ハ　万世一系ノ天皇　之ヲ統治ス

主権は天皇の側に存在した。「第十一条　天皇ハ陸海軍ヲ統帥ス」。統帥権を所持していた。「第三条　天皇ハ神聖ニシテ侵スヘカラス」。つまり、神様であったということだ。

これは、かつてのスターに相当するだろう。芸能人のトップが神性を帯びていた時代のもの。銀幕のスターから、テレビのアイドルへ。人気芸能人が人間宣言を果たしたのだ。

……と、これは私の最初の評論集『アイドルにっぽん』巻頭文の骨子である。2007年刊。当時は、安倍晋三『美しい国へ』、藤原正彦『国家の品格』等、国家論の大ブームだった。そこで私は、国家論ではなくアイドル論こそが必要だ、と説いた。

美しい国から、かわいい国、萌《も》える国へ。

にっぽんよ、アイドルたれ!!　と。

アイドルは外来語だ。しかし、ｉｄｏｌ＝偶像——という原語の意味から大きくはみ出している。そこで、ｉｄｌｅ＝価値のない、実動していない、空転している——というもう一つの意味が加わっているようだ。

ｉｄｏｌにして、ｉｄｌｅ。偶像であり、かつ空位の存在。それこそが日本産アイドルの特質ではないか？

そこで、主権を持たない戦後の象徴天皇の姿が浮上する。敗戦の結果、神様から人間へと転生し、戦後憲法によって象徴と化した天皇を戴《いただ》く国だからこそ、日本のアイドル文化はこれほど栄えたのだろう。

昭和35年（1960年）生まれの私は、天皇陛下と同い歳である。今上天皇がまだ浩《ひろの》宮《みや》と呼ばれていた頃——幼い日に私は、母親が洋品店で買ってきた蝶ネクタイと半ズボンの〝宮様ルック〟とやらを着せられていた。浩宮様も購入したという「怪獣図鑑」を、親にねだった。

1970年、10歳の時に大阪万国博の会場で「シェー」をする浩宮様の写真を「少年サンデー」で見た。同じ場所（三菱未来館）で私もまた「シェー」をした。

1980年代は、私たちが20代の頃だ。フリーライターの私は、ロリコン漫画雑誌のコラムで「おたく」を命名し、「朝日ジャーナル」のグラビアに出て〈新人類の旗手〉と呼ばれた。やがて私たちは、おたく世代とも新人類世代とも呼ばれるようになる。

その頃、彼はどうしていただろう？

なんと、柏原芳恵《かしわばらよしえ》のファンになっていたのだ！

……そう、若き宮様は、学習院大学を卒業されると、83年、23歳の時にイギリスのオックスフォード大学に留学する。渡英前の記者会見で「好きな歌手は、柏原芳恵さん。『春なのに』がいいですね」と発言され、大きな話題を呼んだ。

柏原芳恵は1979年に『スター誕生！』に出て合格、その後、グランドチャンピオンとなった。翌80年6月、14歳でデビューする。そう、あの松田聖子と同期なのだ。

しかし、聖子がすぐに派手な活躍をするのに、芳恵はいささか地味だった。

83年1月にリリースされた『春なのに』は、彼女の最大のヒット曲だ。作詞作曲は中島みゆき。春の別れを唄う切ない卒業ソングである。同曲のヒットに、浩宮殿下のファン宣言が話題を呼んで、ついにデビュー4年目でブレークを果たす。この年の『紅白歌合戦』に初出場した。

3年後、86年10月19日に行われた柏原のリサイタルに浩宮様が訪れる。出迎えた彼女に、殿下は一輪の花を贈った。東宮御所の庭に咲いていたローズピンクのバラで、品種は〈プリンセス・サヤコ〉という。

その前日、殿下は来日したスペイン王女の歓迎パーティーに臨席された。そこで外務省条約局長のご令嬢と出逢う。そう、後にプリンセスとなる小和田雅子さんだった。

あまたいる80年代アイドル、その中で、柏原芳恵のファンだったと知り、一気に親近感がわいた。なんせ新人類世代、おたく世代の天皇陛下なのだ。よもや私が園遊会に招かれることはなかろうが、もしそんな機会が訪れたら、ぜひ、天皇陛下とアイドルの話をしたい。

第二章　山口百恵から松田聖子《せいこ》へ

——１９８０年の女王位継承

みんな南の島からやって来た

〝アイドルは南からやって来る〟というテーゼがある。

1971年、南島・沖縄からやって来た少女・南沙織が〝日本のアイドル第1号〟となって、その扉を開いた。70年代末になるとジャンルが停滞する。80年春、突如、九州・福岡から上京した松田聖子が停滞を突破し、ジャンルを更新する。80年代アイドルブームの開幕を告げた。80年代末から〝アイドル冬の時代〟とも呼ばれる長い停滞期へと入る。もはや、アイドル文化は消滅してしまうのか？ とも言われた。90年代半ば、沖縄出身の安《あ》室《むろ》奈美恵が大ブレーク……アムラー・ブームと呼ばれ、社会現象となる。安室の妹たち、そう、沖縄アクターズスクールの後輩であるＳＰＥＥＤの４人が一躍脚光を浴びて、日本中の少女たちを踊らせた。

アイドルの歴史は奇妙にも反復する。停滞期を迎え、ジャンルの消滅の危機ともなる暗雲がたれこめたまさにその時、忽然《こつぜん》と南方から光が射し込むように１人の少女が南の島からやって来て、死滅寸前のアイドル文化を復活させるのだ。歴史を体験した者らは知っている。そう、もっとも暗い時ほど、夜明けは近い。アイドル文化を信じるということは、1人の少女の到来を待つことなのだ、と。

そういえば、ゴジラもモスラもキングコングも……みんな南の島からやって来た。ある日、南方から未知の怪物的な力が到来して、僕たちの終わりなき日常を粉砕する。懼《おそ》れと共に世界破壊と祝祭を待ち望む少年期の幼い胸のわななきのように……なるほど、アイドルとは美しい怪獣だったのかもしれない。

さて、半世紀余りを経たアイドルの長い歴史の中で最重要の人物を挙げよ、と問われたら……松田聖子！　と即答するだろう。

1980年4月1日、『裸足の季節』でデビューした。これは絶妙な時期である。先述したように70年代のディケードを終える頃、アイドルシーンは停滞期を迎えていた。キャンディーズが解散して、ピンク・レディーが人気のピークを過ぎ、山口百恵が結婚・引退を発表する。アイドルブームに翳《かげ》りが落ち、冬の時代が訪れようとしていた。

たとえば78年の日本レコード大賞最優秀新人賞は渡辺真知子（『かもめが翔んだ日』）で、

79年は桑江知子《くわえともこ》（『私のハートはストップモーション』）だった。今で言えば、Jポップのディーバ（歌姫）のような存在である。アイドルのスタイルは古びて、廃れようとしていた。

その時、忽然と現れたのが、松田聖子だ。フリフリの衣装を着て、笑顔で唄い踊る――さながらそれはアイドルのルネサンス（文化復興）とも見えた。松田聖子の登場がどれほどインパクトを持ち、いかにすごい存在だったかを、平成生まれ以後の世代に伝えるのは、難しい。


彼女の登場はアイドル史の画期となった。聖子以前・以後の明らかな区分が存在する。

2年後、82年は新人アイドル大豊作の年で、中森明菜・小泉今日子・早見優《はやみゆう》・堀ちえみ・石川秀美《ひでみ》・三田寛子《みたひろこ》ら、その年デビューのアイドルたちは〝花の82年組〟とも呼ばれた。

当時の彼女らのレコードジャケット写真を見て、愕然《がくぜん》とする。全員がいわゆる〝聖子ちゃんカット〟なのだ。つまり聖子チルドレンの新人アイドルたちが芸能界を席巻《せっけん》していた。

いや、聖子フォロワーは単にアイドルだけではない。街の女の子たちは、みんな〝聖子ちゃんカット〟をしていた！（自らの名前を冠する髪型を大流行させたのは、昭和30年代初頭の太陽族――〝慎太郎刈り〟以来だろう）

〝虚構の時代〟にデビューして

松田聖子のいったい何が優れていたのか？　声に溌溂とした伸びはあるものの、歌がうまいとまでは言えたかどうか。超美人でもないだろう。デビュー当時の彼女は、正直、どこにでもいそうな女の子の一人と見えた。

所属事務所サンミュージックの創業者、故・相澤秀禎氏は松田聖子の育ての親だ。生前、何度もお話を伺った。上京した聖子を我が家に下宿させ、毎朝、一緒にランニングしたこと等。印象に残ったエピソードがある。

「聖子は、実はO脚でね、それが理由で以前、別の事務所のオーディションに落ちたことがあるというんですよ」

相澤氏はどうしたか？

「ミニスカートでデビューさせた」

アイドルとは、欠点が魅力になるのだ、という。短所が長所になる。個性とは、魅力的な欠点のことだ。アバタもエクボ、ではない。アバタこそエクボ、なのだ。

「彼女がO脚を隠してロングスカートでデビューしていたら、松田聖子にはなっていませんよ」

相澤氏の言葉にハタと膝を打った。

デビュー当時は、さんざん〝ブリッコ〟と罵られた。歌番組で「お母さ～ん」と泣いたが、涙が出なかった。〝嘘泣き聖子〟の物真似を漫才コンビの春やすこ・けいこが面白おかしくやった。

〈かまちんカットで首かしげ／レースのハンカチにぎったら／涙出さずに泣いた顔〉と横浜銀蝿《ぎんばえ》の弟分バンド・紅麗威甦《グリース》は『ぶりっこROCK'N ROLL』を唄った。

アイドルは一番初めから〝虚構〟を孕んでいた。

『17才』を実は16歳で唄ってデビューしたアイドル第1号・南沙織を思い出そう。その意味で〝虚構〟の涙を批判された松田聖子こそは、もっとも正統派アイドルだったとさえ言える。彼女のデビューした日が〝虚構の時代〟とも呼ばれた1980年代の最初の4月1日＝エイプリルフールであったのは、あまりにも象徴的だ。

面白い逆説がある。当時の中高生たちの間では、クラスの男子はみんな聖子のファンで、女子はみんな聖子を嫌っている——とも言われた。ところが、そういう女子は、実はみんな〝聖子ちゃんカット〟をしていたのだ！

松田聖子の価値が逆転するのは、デビューから3年目、82年1月発売の『赤いスイートピー』によってである。作詞・松本隆《たかし》、作曲・呉田軽穂《くれたかるほ》（松任谷《まつとうや》由実）。〝春色の汽車〟に乗り、ボーイフレンドと海へ行く少女の心情を、一輪の花に託して切々と唄った——これは運命の一曲である。若い女子たちは、この歌にノックアウトされた。それまでのアンチ聖子派を総転向させた（後にこの世代の女性たちの結婚式の定番ソングともなった）。

前年末に聖子は髪を短く切っている。女の子らもみんな髪を切った。

〈心に春が来た日は、赤いスイートピー〉

アイドル松田聖子を男子から、女子たちが奪い取った瞬間だった。

赤いスイートピーは存在しなかった

松本隆は単に作詞を担当しただけではない。いわば言葉を使ってその後の松田聖子をプロデュースした。いかに聖子という特異な存在の本質を理解していたか……ちょっとした

〝凄《すご》み〟を感じる。

たとえば、こんなエピソードはどうだろう。

当時、聖子の歌に感動した少女たちは、花屋へと走った。そこで愕然とする。赤いスイートピーは存在しなかったのだ！　白やクリーム色が主流である。実は古くは存在したともいう。だが、せいぜい淡いピンク色だった。花屋へ行っても見つからない。

つまり赤いスイートピーは歌の中にしか咲いていない。〝虚構の花〟だった。この歌のヒットによって、品種改良が重ねられ、今では鮮やかに赤い花びらのスイートピーが存在する。なるほど〝虚構の花〟が〝真実《まこと》の花〟を生んだのだ（それ自体がなんとすごい80年代論であり、アイドル論であろう）。

続いて82年7月にリリースした『小麦色のマーメイド』の歌詞は、もっと露骨だった。

〈嫌い　あなたが大好きなの／嘘よ　本気よ〉

とうとう「嘘」という言葉を聖子に唄わせた。嘘が本気になり、嫌いと大好きが反転する。虚構が真実に転じるように。

さらにすごいのは〈わたし裸足のマーメイド〉という一節だ。マーメイドとは、人魚である。上半身が人間、下半身が魚だ。足はない。それが〝裸足〟であるとは、いったいどういうことだろう?

嘘が本気に、嫌いが大好きに反転する。虚構が真実になる。アンビバレントな思春期の少女の心の内では、存在しないはずの鮮やかに赤いスイートピーが咲き誇る。足のないはずのマーメイドたちが、裸足で水辺を駆け廻《まわ》るのだ。

言葉の魔術師・松本隆が紡ぎ、捧《ささ》げる……世界を一変させるその魔法を、顕現するのは松田聖子という特異なアイドルの歌声だった。

戦後芸能史のレジェンド

もう、その頃にはやっと人々は気づいていたのだ。

そう、松田聖子こそポスト山口百恵だったのだ、と。それまでは急速に人気を得た少女アイドルの一人としか思われていなかった。ところが……。

さて、ここで山口百恵について語らなければならない。百恵はすでに戦後芸能史のレジェンドとなっている。

「山口百恵は菩薩《ぼさつ》である」（平岡正明《まさあき》）

こんなパワーワードが屹立《きつりつ》して、燦然《さんぜん》と後光が射している。

しかし、最初からスターだったわけじゃない。『スター誕生！』からデビューした〝花の中3トリオ〟で最後発として世に出た。

1973年5月21日、デビュー曲『としごろ』をリリースする。その8日前、5月13日には漫画「あしたのジョー」の連載が完結している。68年、全共闘運動のピークの年に始まり、少年たちの伝説的ヒーローともなった矢吹丈《やぶきじょう》がリングの上で真っ白に燃え尽きた。直後のその空白のリングに1人の〝赤い〟少女がすっくと立つ（百恵はドラマ〝赤い〟シリーズでメジャーになった）。白から赤へ、あしたのジョーから山口百恵へ……こんな劇的で鮮やかな時代転換のバトンタッチは、もちろん後知恵によるフェイク・ヒストリー（偽史）にすぎない。

当時の百恵はまったく地味な存在だった。『としごろ』には〈人にめざめる14才〉というサブタイトルがある。思春期の乙女の淡い憧れを唄った凡庸なアイドルソングだ。期待外れのセールスに終わった。

森昌子は美空ひばり以来の演歌の天才少女で、桜田淳子は弾けるようなフレッシュさが少年たちを魅了した。同世代の中学生男子だった私の実感では、長らく淳子の人気が圧倒的で、百恵派はごく少数だった。

2曲目の『青い果実』から『禁じられた遊び』『ひと夏の経験』へと一転、〝青い性〟路線にイメージチェンジを図る。〈あなたが望むなら／私何をされてもいいわ〉〈あなたに女の子の一番／大切なものをあげるわ〉……こんな意味深な性典ソングを暗い瞳をした10代半ばの少女が唄うのを、大人たちは好奇の目で見ていた。

山口百恵の最大のヒット作品

デビューから3年後、17歳の時に唄った『横須賀ストーリー』が大きな転機となる。作曲は宇崎竜童《うざきりゅうどう》、そして作詞は阿木燿子《あきようこ》。それを横須賀育ちの百恵の私小説のようにして人々は聴いた。ついにこの少女は心の秘密を明かして、本当のことを唄い出したのだ、と。

『プレイバックＰａｒｔ２』『イミテイション・ゴールド』『絶体絶命』と阿木燿子の詞を唄う百恵は、まったく表情が変わった。可憐《かれん》なアイドルでも、性典ソングの乙女でもない。

凛《りん》とした瞳の強い女になった。ファンは男から、若い女性たちへと一変した。

他方、映画やドラマで共演した俳優・三浦友和《みうらともかず》との関係が芸能マスコミに取り沙汰されていた。交際宣言から結婚、芸能界引退へと至る。21歳だった。わずか7年間の芸能生活だ。日本武道館でのファイナルコンサートで最後の曲『さよならの向う側』を涙を流しながら絶唱する。「幸せになります」と告げ、ステージにマイクを置いて去った。その後、二度と芸能界に復帰していない。山口百恵は伝説となった。

さて、山口百恵の最大のヒット作品は何だろう？　１９７０年代にあれほど聴かれた彼女の曲であるが、実はミリオンセラーは1曲もない。せいぜい60万枚超のヒットである。意外なことだ。

最大のヒット作品……それは『蒼《あお》い時』だ。引退を機に出版した自伝である。発売1か月で１００万部を突破、その年に２００万部に達する。40年を経て、現在でも版を重ね、なんと３５０万部に近づいている。これは驚異的だ。

内容も衝撃的だった。両親は婚姻関係になく、父親には別の家庭があった。非嫡出子として貧しい母子家庭に育った出自を赤裸々に明かし、父にあたる男性を完全否定してみせた。若くしてトップアイドルとなった彼女が、その栄光の座、華麗なる地位をあっさりと捨てて、一専業主婦となること。「幸せになります」。そう、平凡で〝幸福な家庭〟こそ何よりもこの複雑な家庭に育った少女の欲していたものなのだと人々は了解した。それが百恵自身の本当の〝横須賀ストーリー〟だった。

山口百恵に何ごとかを託した同時代の若い女子たちは、圧倒的に共感する。自分は一人の普通の女の子で、やがて平凡な主婦になるだろう。しかし、それはあの大スター・山口百恵が華やかな芸能界を捨て去って、手に入れたのと同じものなのだ。自分もいつか〝いい日旅立ち〟を迎えるだろう。

その時、人々は初めて理解する。山口百恵というアイドルのその意味を。60年代と80年代の狭間《はざま》にあって、14歳から21歳までの7年間……その〝蒼い時〟に、私たちはいったいどんなめくるめく劇を見せられていたかということを。

かつて私はこう書いた。

アイドルは時代の反映ではない。時代こそがアイドルを模倣する。美空ひばりは戦後復興・高度経済成長の、山口百恵は70年代低成長の、松田聖子は80年代バブルの先触れとして現れ、時代が彼女らを模倣したのだ。

（中森明夫『Ｎａｍａｉｋｉ』新潮社、１９９６年）

女性アイドルの結婚・出産

戦後ニッポンの芸能界の女王の生き方を検証してみたい。

美空ひばりは小林旭《あきら》と結婚したが、短期間で離婚。その後、生涯を独身で通して唄い続けた。山口百恵は21歳で三浦友和と結婚して芸能界を引退、専業主婦となる。その後、二度と復帰していない。芸能界か、家庭か、二者択一である。

かつては〝寿退社〟という言葉が存在して、平然と一般的に語られていた。70年代までの我が国では働く女性が結婚して、仕事を辞め、専業主婦となるのはあたりまえのことだった。

松田聖子は違った。

山口百恵の引退後、聖子は同世代の女性たちに圧倒的な影響力を持つ存在になった。84

年末の紅白歌合戦で、交際を告白した郷ひろみと抱き合って踊った。一転、翌1月には破局を発表、泣きながら「今度、生まれてきたら一緒になろうね」と彼と話したという。その後、ほどなく映画で共演した俳優・神田正輝《まさき》との婚約を発表、6月には〝聖輝〟の結婚式が大々的に報じられた。あまりにも、めまぐるしい。日本中の視線を引っ張って、23歳の松田聖子は80年代の急カーブを猛スピードで曲がったように見えた。

翌86年10月、長女を出産。娘を抱いて退院する聖子に、芸能マスコミはじめ大群衆が押し寄せた。令和の現在では、およそ考えられない光景だ。このシーンは近年、ワイドショーで何度も繰り返し放送された。その時、聖子の腕に抱かれていた赤ん坊の35年後の運命を思うと、あまりにもやりきれない。

かつての芸能界の女王・美空ひばりとも、山口百恵とも、まったく異なる道を松田聖子は歩んだ。結婚して、子供を産んだが、引退しないし、アイドルもやめない。〝ママドル〟と呼ばれた。聖子が出産した86年、その4月には男女雇用機会均等法が大幅改正して施行されている。女性が結婚しても仕事を続ける時代の始まりだ。

しかし、世間の感覚はまだ成熟してはいなかった。子供を置いてニューヨークへと旅立ち、男性アイドルと不倫密会したとして、昭和末のワイドショーや写真週刊誌、女性週刊誌等、芸能マスコミは猛バッシングした。

大宅壮一《おおやそういち》文庫というマスコミ人御用達《ごようたし》の図書館がある。週刊誌を含め戦後に我が国で発行された雑誌が大量に収納されている。その人名検索ランキングでは、ある時期まで田中角栄と長嶋茂雄が1〜2位を争っていた。山口百恵が上位についたこともある。現在では、松田聖子がトップに立った（「人名索引総合ランキング」2023年2月調査より）。つまり聖子は戦後ニッポンでもっとも人々に関心を持たれ、もっとも多く雑誌記事となったのだ。そうして、その大半がバッシング記事なのである。

女性アイドルが結婚・出産を経て、芸能活動を続けることは、現在ではあたりまえになった。しかし、その先駆となった松田聖子は、猛烈な時代の逆風にさらされた。我が物顔の芸能レポーターら昭和の芸能マスコミは今よりはるかに野蛮だった。その苦境をたった一人で戦い抜いて、さながら原始林を切り開いてローラーをかけ、後に続く女性アイドルたちの進むべき道を彼女は作ったように見える。

松田聖子と「時代」

1980年代後半、〈女の時代〉とも称された昭和末の世に、松田聖子は〝すべてを手に入れた女〟と呼ばれた。恋愛も、結婚も、子供も、仕事も、成功も、名声も、海外でのセレブ生活も……。人生というディズニーランドのアトラクションを、すべて一人で乗り終えたのだ、と。

彼女はバッシングを弾き飛ばした。三度の結婚と二度の離婚を果たした。そうして、還暦を迎える。孫を抱いていてもおかしくはない年齢だ。しかし……。

2021年12月18日、一人娘の神田沙也加《さやか》が死去する。享年35。松田聖子の遺伝子は途絶えた。

それでも聖子は唄い続ける。

松田聖子が存在しなかったら、アイドルの歴史はまったく違ったものになっていただろう。いや、アイドルや芸能界のみならず、この国の女性たちの生き方にさえ彼女は大きな影響を及ぼした。

1971年に南からやって来た少女・南沙織が切り開いた我が国のアイドルというジャ

ンルは、件《くだん》のディケードの終わりに山口百恵によって締め括《くく》られた。その時、松田聖子という少女が南からやって来る。山口百恵から松田聖子へ――これはアイドル史の中でも傑出して輝かしい瞬間だった。そう、アイドルの女王位が継承されたのだ。

山口百恵は〈時代と寝た女〉と呼ばれた。試みに「時代」に〝あなた〟とルビを振ってみよう。〈時代《あなた》が望むなら／私何をされてもいいわ〉〈時代《あなた》に女の子の一番／大切なものをあげるわ〉と百恵は身も心も捧げ尽くして〝時代《あなた》〟に献身を誓った。

すると松田聖子はどうだろう？

〈嫌い　時代《あなた》が大好きなの／嘘よ　本気よ〉〈帰りたい／帰れない／時代《あなた》の胸に〉と常にどっちつかずの態度だった。そのくせ〈時代《あなた》に限って／裏切ることはないわ〉〈聞こえない振りしてる時代《あなた》の／指を噛んだ〉りするような〈誘惑されるポーズの裏で／誘惑しているちょっと悪い子〉であり続けた。時代という助平おやじとのこの絶妙な距離の取り方こそが、彼女の持ち味なのだろう。百恵と寝て歓喜の涙を流しただろう時代サンは、聖子とはいまだ一線を越えられずイライラしているその様が目に浮かぶ。

そう、松田聖子は〈時代と添い寝する女〉だ。百恵のようにすべてを捧げ尽くしたりしない。さながら『千夜一夜物語《アラビアンナイト》』の語り部のようである。毎夜、王様と添い寝して枕辺で魅力的な物語を語り聞かせた賢女シエラザード。ある時はブリッコという物語、またある時はママドルという物語、積もり数えれば千夜一夜をはるかに超えて40年余りもの夜が過ぎた。

松田聖子という物語は続く――。

第三章　小泉今日子と中森明菜
——1982年組の二つの星

新人アイドル大豊作の年

〝花の82年組〟について語ろう。前章でも触れたように1982年にデビューしたアイドルたちである。中森明菜・小泉今日子・早見優・堀ちえみ・石川秀美・三田寛子といった面々だ（81年10月にデビューした松本伊代《いよ》もまた新人賞ノミネートの規定上、82年組の一人に含まれることもある）。

松田聖子の翌々年に登場した彼女らは、いわゆる聖子フォロワーだ。当初、みんなそっくりの聖子ちゃんカットをしていた。見分けるのも難しい。それが徐々に個性を発揮してゆく。デビュー翌年の83年春、早見優が軽快なコカコーラのCMソング『夏色のナンシー』でヒットを飛ばした。早見は松田聖子の所属事務所（サンミュージック）の後輩で、ハワイ育ちの、〝南からやって来た少女〟だった。同年秋には堀ちえみが主演したドラマ『スチュワーデス物語』の奇抜な展開が話題となり、一大ブームを巻き起こす。堀はホリプロタレントスカウトキャラバンの優勝者で、山口百恵の事務所の後輩だ。

とはいえ、なんと言っても、小泉今日子と中森明菜だろう。2人は同学年で、共に81年に『スター誕生!』に出場して合格し、16歳でデビューした（デビュー曲は小泉＝『私の16才』、中森＝『スローモーション』）。小泉が真価を発揮するにはしばしの時を要したが、中森はデビュー2曲目の『少女A』でヒットを飛ばした。ベストテン入りを果たし、テレビに出ずっぱりとなる。

ちなみに私のペンネーム「中森明夫」は当然、明菜にあやかったものだ。ミニコミ雑誌「東京おとなクラブ」の編集長（エンドウユイチ氏）がつけてくれた。雑誌が刷り上がって、自分のページを見て「あっ」と驚いたことを覚えている。82年6月のことだ。明菜のデビュー曲が5月発売で、7月には『少女A』がリリースされている。ちょうどその狭間のこと。彼女が『少女A』でのブレークを果たさなければ、私のペンネームの意味合いもずいぶんと違っていたことだろう。ともあれライター「中森明夫」もまた82年デビュー組なのである。

新人アイドル大豊作の年を象徴する出来事があった。日本レコード大賞の新人賞5組の顔ぶれだ。石川秀美・シブがき隊・早見優・堀ちえみ・松本伊代――最優秀新人賞はシブがき隊だった。なんと小泉今日子も中森明菜も入っていない。小泉はまだしも、中森は

『少女Ａ』でその年の新人歌手の最大ヒットを飛ばしている。レコード大賞という名目上、さすがにおかしいんじゃないか？

昭和の時代に日本レコード大賞は絶大な権威を誇っていた。大みそかには生中継でレコード大賞の発表から紅白歌合戦を日本国民の大多数が見ていたのだ。それこそ「国が運営している」ようなイメージである。中森明菜の新人賞落選は、そんなレコ大の信用に大きな疑義を抱かせる一事件だった。

当時、アイドルファンの一人が呟いていたものだ。

「明菜の新人賞落選？　ああ、彼女は事務所の力が弱いんだよ」

なるほど！　これが１９８０年代の感覚である。70年代にはなかった。芸能人の所属事務所のパワーバランスをファンが把握するようになっていたのだ（ファンによるアイドル評論ミニコミ誌「よい子の歌謡曲」は１９７９年に創刊されている）。

中森明菜の物語

さて、中森明菜だ。「アイドルの歴史は奇妙にも反復する」と書いたが、彼女ほどそれを証する例もないだろう。かつて私は中森明菜の軌跡を「十年遅れの山口百恵の物語」だと説いた。

73年と82年というほぼ十年遅れのデビュー、横須賀と清瀬という東京近郊都市出身、母子家庭と今どき子だくさん家庭という特異な出自、『スター誕生!』でデビューし新人賞は逸するが、デビュー数曲後、ツッパリ少女風の危うさが印象的な歌でチャート一位のヒットを飛ばす(百恵『ひと夏の経験』、明菜『少女A』)、そして映画での共演相手である男性とのロマンス……。さらに件の相手と70年代末に百恵が結婚・引退を決意したように、80年代末に明菜もまた結ばれることができたなら、ほぼ完璧な形で「十年後の山口百恵の物語」は完結するはずだったのだろう。

(中森明夫『アイドルにっぽん』新潮社、2007年)

中森明菜はデビュー当時から「尊敬する人」として山口百恵の名前を挙げていた。それは信仰にも近かったように思う。百恵と同じく中学生にして『スター誕生!』に挑戦し、二度も落選している。それでも諦めなかった。三度目の挑戦で同番組史上最高点（392点）を得て合格、デビューを果たす。その時、唄った山口百恵の歌は、あまりにも象徴的だった。そう、明菜にとって百恵は「夢先案内人」だったのである！

80年代半ば、中森明菜はトップアイドルとなってベストテン番組で松田聖子と順位を競った。聖子が結婚・出産で芸能活動を休止すると、ついに彼女はアイドルの頂点に立つ。そう、1980年代後半、昭和末の世にたしかに〈中森明菜の時代〉が存在したのだ。

しかし……。

89年7月、恋人・近藤真彦《まさひこ》の住むマンションで自殺を図る。一命は取りとめたが、トップアイドルのこの事件は大騒動となった。明菜のキャリアは中断する。この件を私は以下のように捉えた。

デビュー当時から「尊敬する人」として百恵を信仰してきた明菜にとって、無意識のうちに自ら反復した「百恵の物語」が破綻しようとした時、自死をさえ決意させるほどに彼女のうちでその物語の呪縛は強固だったはずだ。（同前）

事件から5か月後、明菜は近藤真彦と同席して〝お詫《わ》びと復帰表明〟記者会見を開いた。それは大みそかの夜、紅白歌合戦の放送中にテレビ朝日の終夜討論番組を中断する形で報じられた。89年12月31日――そう、中森明菜がデビューしてアイドルとして活躍した1980年代の最後の夜であったのは、あまりにも暗示的だ。

だが、「十年遅れの山口百恵の物語」が頓挫した時からこそ、真に「中森明菜の物語」は始まるのであって、死と引き換えにしてさえ完結することのなかった物語が破綻して後、彼女自身が誰のものでもない自らの物語を紡ぎ始めることを表明したその夜(の記者会見)こそが、実は「繰り返された70年代の物語」の真の意味での終わりだったのではなかろうか?

(同前)

このように総括して、私は明菜にエールを送った。しかし、どうだったろう? その後の彼女の軌跡を見る時、はたして真に「中森明菜の物語」が生きられたと言えるだろうか？　前章で説いた〝芸能界の女王〟の生き方――美空ひばり、山口百恵、松田聖子――頂点に輝いた彼女たちには、明らかな〝結婚〟というアポリア（難題）があった。そこが男性芸能人とは多少なりとも違う。本来は祝福されるべき〝結婚〟が、女性芸能人にあっては困難や桎梏《しっこく》として立ちはだかるのだ。昭和末の女王・中森明菜にとっても、それは大きな難関だったように思う。

その後の彼女は芸能活動の休止と復活を繰り返した。所属事務所やレコード会社を転々とし、体調不良や仕事面での不調ばかりが醜聞的に報じられる。やがてテレビで見かけなくなり、現状が不明となった。その軌跡はあまりにも痛々しい。ちなみに数多くいた82年組の女性アイドルたちの中で、唯一、中森明菜だけが一度も結婚していない。

ぴかぴかのキョンキョン

続いて、小泉今日子である。小泉は当初、あまたいる82年組アイドル、松田聖子フォロワーの一人にすぎなかった。彼女が頭角を現すのはデビュー翌年、５枚目のシングル『まっ赤な女の子』のスマッシュヒットによってだ。髪をショートにしてイメージチェンジした。同曲を主題歌にしたドラマ『あんみつ姫』に主演して高視聴率を獲得、注目されてもいる。けれど本格的なブレークは、84年の9枚目のシングル『渚のはいから人魚』のヒットによってだろう。

当時、彼女は事務所に無断で頭髪をカリアゲにして、周囲を慌てさせたという。しかし、この一件がアイドルとしての真価を発揮する第一歩となった。大人の操り人形ではない、独自の主張と行動を実践する。それは定型的なアイドルの枠をはみ出し、鮮烈でファッショナブルでセンスに満ちていた。女性アイドルとして初めてファッション雑誌「ａｎ・ａｎ」の表紙を飾りもした。自身を「コイズミ」と呼び、やがて「キョンキョン」と呼ばれ、ついには「ＫＹＯＮ^2」となる。ポストモダン・ブームの80年代半ば、「ＫＹＯＮ^2」という記号は時代の先端のアイコンとなってゆく。

それを決定的にしたのが、85年の『なんてったってアイドル』の大ヒットだろう。アイドルがアイドルであることを遊ぶ、メタ・アイドルソングだ。作詞は秋元康。この一曲によって、小泉今日子は80年代アイドルブームの頂点に立った。

その年、私は25歳だった。フリーライターである。サブカル雑誌やアイドル雑誌に原稿を書き飛ばしていた。何の拍子か、そんな私に本の出版の話が舞い込む。あまりにも突然のことだ。

同世代のライターらと3人で1冊の本を作ってほしい。締め切りは……3日後だという。3日後!?　唖然《あぜん》としている間もなく、赤坂プリンスホテルのスイートルームに押し込まれた。

週刊誌ならぬ、週刊本という企画である。毎週、著名人の語り下ろしをザラ紙のペーパーバックで出版していた。予定していた著者がトンズラして、ラインナップに穴があく!?　急遽《きゅうきょ》、出版まわりでワサワサしていた無名の若手ライターの私たちが召集されたという次第である。なんでもいいから喋《しゃべ》ってくれ、と泣きつかれた。さあ、大変。喋った、喋った。喋っては、テープ起こしが届き、赤入れをして、喋っては、テープ起こしが届き、赤入れをする。2泊3日……ではない。0泊3日だ。3日間、一睡もせず。ぶっ倒れそうになった。

それにしても、こんなものが本になるのか？　本にしても大丈夫なのか？　あまりにもハチャメチャな若者放談だ。せめて何かこう……本のテーマはないのか？
「キョンキョンだ！」と誰かが言った。その年、小泉今日子は大ブレークしている。よし、私たちもＫＹＯＮ^{2}をめざして無名の若手ライターから卒業しよう！　週刊本『卒業／ＫＹＯＮ^{2}に向って』は１週間後に発売されて、それなりに話題を呼んだ。

　これがきっかけで私は筑紫《ちくし》哲也《てつや》編集長の「朝日ジャーナル」誌の〈新人類の旗手たち〉というページに登場、新人類文化人と呼ばれるようになる。急に脚光を浴びた。取材が多数舞い込む。ラジオ番組でついに小泉今日子とも対談した。目の前に実物のキョンキョンがいる。ぴかぴかしていた。これが本物のアイドルの輝きか！　とくらくらした。

　とはいえ、新人類ブームなんてすぐに過ぎ去る。あっという間に消費された。所詮、私たちは時代のアダ花にすぎない。週刊本で放談して、そこそこの脚光を浴び、新人類３人組とも呼ばれた私たちは、その年の暮れに雑誌の企画で解散宣言を果たす。

「月刊プレイボーイ」のグラビアページだった。六本木のスタジオで似合わないタキシードを着た３人は、著名なカメラマンに写真を撮られる。そこに１人の女の子が現れた。

……小泉今日子だ。

新人類トリオは、時代のスター・キョンキョンにプロポーズするも、あえなく振られる……というシチュエーションである。

「よし、新人類の皆さん、フロアにうつ伏せに倒れて、折り重なってください！」

カメラマンの指示が飛ぶ。小柄な私が一番上にうつ伏せた。

「今日子ちゃん、新人類の上に座って〜」

なんと私のお尻の上に小泉今日子が腰掛けたのである！　今でも忘れられない。19歳のキョンキョンのお尻の感触。ぬくもり。ああ、あのぬくもりがあったからこそ、その後、40年近くもアイドルの魅力を伝える仕事を続けてこられたのではないか？　そう、それは私の人生のハイライトのような瞬間だった。

『スター誕生！』の特番に……

8年が過ぎた。1993年春のことである。突然、小泉今日子のマネージャーから連絡が入った。会って話したいという。赤坂の蕎麦《そば》屋で会食した。

『スター誕生！』の番組終了からちょうど10年になるその年の暮れに、日本テレビが特番を企画している。番組卒業生の小泉今日子と中森明菜の共演ドラマをやろうというのだ。ついてはその原作を書いてくれないか、という依頼だった。

意外である。私は著名な作家でもなければ、ドラマの仕事の経験もない。ああ、と思った。1988年に『オシャレ泥棒』という小説を出版した。女の子2人組の冒険物語で、翌89年には宮沢りえと中嶋朋子《ともこ》の共演でTBSでドラマ化されている。その小説を読んだ小泉今日子による提案だというのだ。なるほど。率直に私はうれしかった。

後日、打ち合わせがある。乃木坂のマンションの一室だった。ドラマのプロデューサーのオフィスである。

池田文雄氏は『スター誕生！』のチーフプロデューサーだった。『スタ誕』終了後、日本テレビを退社して、フリーとなった。「イケブンさん」の愛称で多くの芸能人に慕われる名物テレビマンだ。『スター誕生！』の特番をやるのにこの人は欠かせない、と古巣のテレビ局に担ぎ出された。

当時、還暦を迎えようという年配だった。淡い色のサングラスをかけ、ひょうひょうとしている。息子ほどの年齢の私にも気軽に接してくれた。少年時代の『スター誕生！』の思い出を私が話すと、「おう、そりゃうれしいな」と池田氏は目を細める。

打ち合わせの席には、小泉今日子もやって来た。8年ぶりの再会だ。27歳。かつての少女アイドルは、すっかり美しい大人の女性になっている。いや、外見ばかりではない。話すと、明らかなその知性に驚かされる。勘がいいのは以前からわかっていた。映画や漫画や小説や、その口から飛び出す単語の数々と理解力のほどには感嘆した。タレントというよりクリエイター、プロデューサー的な知性と教養がみなぎっている。

小泉は池田氏を慕っていた。池田氏もかわいい娘のように接している。『スター誕生！』の特番は、一夜は同窓会的な歌番組があって、もう一夜はドラマになるということだった。

「モモエッチに電話したんだよ」と池田氏は言う。モモエッチ？　ああ、山口百恵だ。

「番組に出てくれないかって」。百恵が引退してからすでに13年が過ぎている。

「まあ、断られたけどね。けど、妙にかしこまって、あいつに言われたよ。池田さん、ジュンペイのことをよろしくお願いしますってさ」

ジュンペイ……桜田淳子だった。前年、桜田は当時の統一教会の合同結婚式に出席して、猛バッシングを浴びている。なんということだろう。芸能界を引退してもう13年もたつのに、山口百恵はかつての花の中3トリオの仲間をいまだに「ジュンペイ」の愛称で呼んで、心配しているのだ。池田氏の瞳にも光るものがあった。

百恵の夫である三浦友和と仕事をしたことがある、と小泉今日子が言う。三浦家に電話をしたら、百恵が出たのだそうだ。

「やさしい声だった。それでね、なんか……普通の人だった」

普通の人？

「うん、そう、時間がね……百恵さんを普通にしたんだと思う」

小泉今日子の口にする「普通」という言葉のニュアンスに、ひどく私は感じ入った。

「問題は、明菜だよなあ」と池田氏が心配そうに呟いた。

明菜と小泉

麴町《こうじまち》の日本テレビの近くの和食屋で昼食会をやった。池田文雄氏と小泉今日子と、そうして中森明菜がやって来た。小泉と中森が並ぶ。2人は共に意外なほど小柄だ。こんなにも小さかったのか！　それでいて異様なオーラを発している。和食屋の座敷に上がると、お店の若い仲居の女性が、小泉と中森の2ショットを見た瞬間、「ひっ」と妙な声を上げ、目を丸くして固まっていた。ああ、今、自分はトップアイドル2人と一緒にいるんだな、と痛感したものだ。

個室の座敷にテーブルを囲んで座った。初めて会う実物の中森明菜は、美しい。しかし、ひどく痩せている。顔色もすぐれない。和食のお膳が運ばれてきたが、まったく手をつけようとしなかった。

並んで座る小泉は「食べたほうがいいよ」と心配そうに声をかける。明菜は力なく首を横に振ると「ううん、私、食べられないから、これ、仲居さんたちに食べてもらいたい」ともらした。「そんな……」と絶句する。その場が気まずい空気に包まれた。

結局、明菜はまったく食事を摂《と》らなかった。それでも『スター誕生!』の昔話になると、急に表情が明るくなる。キョンキョンと2人、懐かしい話に花を咲かせて、キャッキャと笑っている。まるで無垢《むく》な子供のような愛らしさだ。アイドルというのは不思議な生き物だと思った。このガラス細工のようなきらきらした危うく美しい生き物は、どうやってデビューからのこの10年間を芸能界の荒波の中で生きてこられたのだろう?　明菜にぴたりと寄り添う小泉、２人は同志愛の絆《きずな》で深く結ばれているようだった。

私は約束の期日までに原稿用紙１００枚ほどのドラマの原作を書いた。『瞳に星な女たち』と題する物語だ。東京に暮らす２人の女性の交流を描いた。都会のおとぎ話である。「いや〜、面白い！」と池田文雄プロデューサーは絶賛してくれた。「これは、いいドラマになるよ」と上機嫌である。

ところが……。

その後、まったく話が聞こえてこなくなる。春が過ぎて、夏になり、夏も終わろうかというのに、ドラマの制作発表すら行われない。池田氏に電話すると「いや〜、ごめんな、まあ、いろいろあってさ……」と言葉を濁すばかりだ。明らかに様子がおかしい。いったい何が起こっているのか？　私は知り合いの芸能雑誌の編集者に相談した。

「えっ、知らないの？　明菜の一件だよ」と彼は言う。事務所を移籍した明菜の担当マネージャーが大麻取締法違反容疑で取り調べを受けた。明菜の自宅にも家宅捜索が入ったと報じられたという。

「ドラマの制作発表なんかして、もし万が一のことがあったら、スポンサー筋に対して大変なことになる。局側がしぶってるんでしょう。イケブンさんが、かぶっちゃってるんだよなあ」

池田文雄氏は『スター誕生！』の大功労者だ。とはいえ今ではフリーランスである。それゆえ今回の一件でもつらい立場に追いやられているのだろう、という推測だった。

アイドルを真に愛していた男

秋になって、やっと台本が届いた。一読、目を疑う。タイトルこそ『瞳に星な女たち』だが、私が書いたものとまったく違う物語になっていた。愕然とする。池田氏のオフィスへと乗り込んでいった。

「いったい、これはどういうことなんですか！」

強い口調で私は難詰《なんきつ》した。池田氏は顔色を失《な》くしている。「いや〜、ごめん、いろいろあってさあ」としどろもどろだ。「そんなわけで」という氏の口癖が飛び出した。

「そんなわけでって、どんなわけですか？　はっきりと説明してくださいよ！」

私が問いつめると、黙り込む。ああ、これはダメだ。呆《あき》れ果てた。

「わかりました。これはもう僕が書いた物語じゃない。ドラマのクレジットから僕の名前をはずしてください」

えっ、と池田氏の顔色が変わった。「それは、困る……困るよ、困るんだよなあ」とおろおろしながら椅子から立ち上がる。私のそばへと歩み寄り、ひざまずいて「頼むよ」と身を屈した。

えっ！　土下座しようとしていた。

とっさに私は立ち上がって、氏の体を抱き支える。

「ダメだよ、池田さん！　池田さんがこんなことしちゃいけない!!」

その瞬間《とき》だった。どれほど自分が目の前の初老の男性を心からリスペクトしているかと思い知ったのは。老いて痩せた氏の体を抱き締めて、想う。

この人は……『スター誕生！』のプロデューサーだった。子供時代、田舎の漁村で私が毎週、見ていた番組だ。アイドルというきらきらとした夢の世界を作り出した。この人の力がなければ、この国のアイドル文化はまったく違ったものになっていた。そう、今、私はここにいないだろう……。

「わかった、わかりました、池田さん」と私は氏を許した。「ありがとう、ありがとう」と涙を流しながら池田氏は何度も頭を下げていた。


東京・港区のスタジオでドラマの収録を見学した後、池田氏に誘われて呑《の》み屋へと行った。「手術で胃を切っちゃってからさあ、あまり物が食えなくなったよ」と笑う。それでも日本酒をきこしめして上機嫌だった。ほろ酔いで目を細め、『スター誕生！』時代の話を懐かしそうに話す。ブレークしたアイドル、デビューしたがパッとしなかった卒業生、引退して今では専業主婦となった山口百恵のことや、ジュンペイこと桜田淳子のこと、ピンク・レディーの変貌ぶりのこと等……まるで自分の子供のことを話すような口調だった。

「明夫ちゃんさあ」と、気がつけば〝ちゃん〟づけで呼ばれている。

「いつか俺のことを書いてよ。なんでも書いていいからさ。池田文雄って男がいたことを、思う存分、書いてくださいよ」

その瞳が潤んでいた。

10年後、池田氏は亡くなった。享年69。

「そんなわけで、よろしく」と去ってゆく氏の後ろ姿を思い出した。

小泉今日子と中森明菜。

〝花の1982年組〟アイドルの中にあって、ひときわ輝く二つの星――その軌跡、その光芒《こうぼう》を仰ぎ見る時、背後の夜空に、ふと一つの残像が浮かび上がる。ひょうひょうとして、洒脱《しゃだつ》で、心やさしかった。アイドルを真に愛していた。

思わず抱き締めたあの痩せた体の偉大な男性のことを、思い出すのだ――。

☆後藤久美子と宮沢りえ

後藤久美子は国民的美少女コンテストで選ばれた、と思っている人がいる。

違う。

後藤久美子のおかげで国民的美少女コンテストができたのだ！

マジか⁉　でも、なんで知ってるの？　と言われるかもしれない。なんせ、その時、私は彼女のごくそばにいたんですよ。


１９８６年、秋のこと。初めて後藤久美子に会った。12歳の中学1年生だ。目鼻立ちがくっきりとして、際立った美しさを持っている。いや、美しい、というより、どこか不思議な小動物を見るような感じだ。

彼女のタレント本のため取材・構成する仕事。当時、私は26歳のフリーライターだった。巻頭グラビアを篠山紀信が撮る。本のプロデュースを坂本龍一が務めた。なんとも豪華だ。

『ゴクミ語録』と題する。〝ゴクミ〟という愛称は、担当編集者がつけた。見城《けんじょう》徹《とおる》。

そう、後に幻冬舎を創業する辣腕編集者である。

『ゴクミ語録』は後藤久美子の発言集だ。かしこまったインタビューはしない。所属事務所の屋上でローラースケートをやったり、映画を見たり、食事をしたり……一緒に遊んだりして、言葉を収集した。

とびきりの美少女だけど、中身は子供だ。親しくなると、よく喋る。面白い。利発で、元気で、明るくて、ケラケラと笑う。

そうして……ムカついていた。

ムカムカムカムカムカムカムカ。
ム・カ・ツ・ク！
トロイヤツ見ると殴《なぐ》りたくなっちゃう、私、
ノロマな大人が大キライ！

〝オトナ〟も〝ノロマ〟もそれぞれにキライなのに、それが合体ロボしてるなんて耐《た》えられない。

あー、アッタマくる、トロイヤツ。

（『ゴクミ語録』角川書店、1987年）


こんな調子だ。レギュラーのラジオ番組が決まったが、放送作家の書いた台本が気に入らない。ムカツク。絶対に喋りたくない！

慌ててラジオ局へ駆けつけて、私が相手役を務めた。まったくアドリブの番組になったのである。今、思えば、すごい。

年が明けて87年、大河ドラマ『独眼竜政宗《どくがんりゅうまさむね》』の〝愛姫《めごひめ》〟役で出演、一躍注目を浴びた。すごい美少女だ！　後藤久美子は国民的美少女と呼ばれるようになる。そこで所属事務所が全日本国民的美少女コンテストの開催を決定したという次第だ。

ゴクミは美少女ブームを巻き起こす。ゴールデン・アロー賞の新人賞受賞の知らせを、所属事務所の社長が電話でしてくれた。「ク、クミコちゃん……わ、わたしは、わたしは……うれしいよっ」と涙声で絶句する社長のモノマネを、12歳のゴクミは得意気に披露してくれた。いや〜、話していて、あんなに楽しかった女の子はいない。

昭和が終わり、平成元年の春。私の小説『オシャレ泥棒』がＴＢＳテレビでドラマ化されることになった。主演は、宮沢りえ。４月、彼女の16歳の誕生パーティーで初対面したのである。

いや〜、輝いていた。会場はマスコミ関係者でごった返していたが、彼女一人が異様なオーラを発している。ドラマの原作者として挨拶すると「中森明夫サン？　ああ、クミコちゃんから聞いてます」と言われた。えっ、クミコちゃん？

パーティーの終盤に、１人の少女が会場に飛び込んできた。

「おめでとう、りえちゃん！」

「ありがとう、クミコちゃん！」

２人は抱き合って、くるくると旋回している。後藤久美子だった。ゴクミとりえは同学年である。幼い頃にお菓子のＣＭで共演して以来の仲良しだった。

「久美子ちゃん、久しぶり」と声をかける。『ゴクミ語録』の出版から２年を経ていた。ゴクミは15歳だ。子供っぽさが薄れて、ますます美しく成長している。

それにしても、後藤久美子と宮沢りえのツーショットは強烈だった。仕事柄、たくさんのアイドルやモデル、女優等に会ってきたけれど、あの時の2人ほど美しい少女には、いまだお目にかかっていない。

当時は、おニャン子クラブの一大ブームが過ぎた頃である。誰でもアイドルになれる時代だ。その意味で、特別な輝きを持つ美少女——後藤久美子と宮沢りえは、おニャン子と真逆で、反時代的存在だったとも言える。

〝美少女ブーム〟と先に書いたが、結局、後藤久美子や宮沢りえと並ぶような美少女は、現れなかった。この2人だけが特異点だったのだろう。彼女らが仲良しだったのも面白い。

実は、2人の交流は今も続いているという。しかし、一緒に仕事をしたのは子供時代のお菓子のCMの一度きりなのだ。2人が一緒にいる場所に立ち会えた私は、幸福者である。

その時に撮った写真は、宝物だ。16歳の宮沢りえと、15歳の後藤久美子を両脇に、29歳の私が写っている。

写真／著者提供

第四章　〈チャイドル〉ブーム始末記

チャイルド＋アイドル

篠山紀信氏との出会いと、氏と仕事を続けた年月こそは、私の人生にとって決定的な経験であり、ある特別な時間だったように思う。

それは１９９０年6月に始まった。当時、私は30歳。初めて週刊誌の連載を持ったのだ。「週刊ＳＰＡ！」の巻頭グラビアページ、〈ニュースな女たち〉である。時代《とき》の女性たちを篠山氏が撮り、私が文章を寄せる。２００１年末まで続いた。足掛け12年間、５７０回だ。それは私の30代の時間、丸々すべてだった。

毎週、撮影に立ち会った。その後、食事や酒席を共にした。夜明かしして何度も呑んだ。

篠山紀信といえば、日本でもっとも有名なカメラマンだ。少年時代、篠山氏の撮る写真によって私はアイドルの魅力に導かれた。「ＧＯＲＯ」の〝激写〟のヌードによって性に目覚めた。20歳上の氏はすでにマエストロ（巨匠）である。そんな超セレブ写真家と一緒に仕事をして、毎週のように会い、親しく言葉を交わす。夢のような時間だった。

〈ニュースな女たち〉は、よくある芸能人が載るグラビアページではない。第1回ゲストはオノ・ヨーコ。その後、作家や実業家、スポーツ選手、少女暴走族から霊能者、きんさん・ぎんさん、叶《かのう》姉妹に至るさまざまなジャンルの女性たちが登場した。もちろん女優やアイドルもたくさん出た。それらの思い出、エピソードは数えきれない。

この章では、一つのブームとなったアイドルをめぐるメモワールを披露しよう。90年代半ば、連載も5年を経過して篠山氏と私の協働が、乗りに乗っていた頃のことだ。

そう、〈チャイドル〉である。

チャイルド＋アイドルを意味する、私が考案した造語だ。チャイルド（子供）の年齢でアイドルの完成度を持つ、ローティーンの少女モデルたちである。

最初は学年誌「小学六年生」のクリスマス特集だった。小学生の女子モデルたちに大人びたファッションをさせて、篠山氏がグラビアに撮る。これを見た「週刊ＳＰＡ！」の月刊版（「パンジャ」）の編集者が、同様手法で表紙＆グラビアの連載を篠山氏に依頼した。子供雑誌のお遊び企画だったものが、大人の男性誌の舞台に転じて、子供モデルが妖艶な肢体を披露するその危うく妖《あや》しい写真は、相応の話題を呼んだ。

野村佑香《ゆうか》は当時、小学校5年生から6年生になろうとしていた。すでに売れっ子の子役モデルだ。しかし、同じ事務所で同い年の栗山千明《ちあき》や2歳上の吉野紗香《さやか》は、パッとしなかった。子供らしくないというのだ。オーディションに落ち続けていた。そうして篠山氏は、そんなパッとしない子供モデルを魔法のレンズによって魅力的な被写体へと変貌させた。

『Namaiki』を売るには?

ある日、篠山氏からこう告げられる。

「中森さん、『パンジャ』の写真を中心に、ボクの少女を撮った写真と、あなたの文章を半々に収録した本を作りたいんだ」

思わぬ、依頼だった。一念発起して私は、短期間で120枚ほどの原稿(「我が秘密のコレクション」)を書き上げる。篠山氏の発案の件の本は『Namaiki』と名づけられた。

ところが……。

出版社が決まらないのだ。「週刊SPA!」や「パンジャ」の版元からは早々に断られた。篠山氏とつき合いのある各社に声をかけるも、ことごとく難色を示される。なんとも困った事態になった。

旧知の編集者に相談すると、苦笑しながらこう言われた。

「いやあ、これはダメだよ。半分は写真集でしょ？　篠山先生の写真集は、印刷も紙もデザインも高級でカネがかかる。定価は高くなるね。それで有名女優や人気タレントのヘアヌードならいいけど、えっ、子供モデル？　まったく無名の女の子たちの高い本なんて、誰も買わないよ。出す版元はないね。それにちょっと、これはさあ……」

吉野紗香や栗山千明のみではない。9歳や10歳の幼女モデルが下着姿で戯れるその写真を指さされ、眉をひそめられた。

やっと引き受け先が見つかる。老舗《しにせ》の文芸出版社・新潮社だ。意外だった。「芸術新潮」の元編集長でフォト・ミュゼという写真集シリーズを手掛けるベテラン編集者が手を挙げてくれた。

乃木坂にある篠山氏の事務所に呼び出される。

「中森さん、この本はなんとしてでも売らなければいけない」

強い口調でそう言った。いくつもの出版社に断られ、プライドを傷つけられたこともあったろう。巨匠写真家の切迫したその様子には、異様な情熱と執念と、どこか焦りのようなものも感じられた。

篠山氏は老眼鏡を掛け、手元の紙に小さな文字でせっせとメモを取り続ける。目を見張った。そこにはいくつもの雑誌名がずらりと並んでいる。当時、篠山氏は週刊誌の表紙やグラビア連載を多数抱えていた。そうした雑誌にプロモーションを要請しようというのだ。

氏のオフィスは六本木駅のほど近くにある。3階建てのモダンなビルの壁面にツタがからんでいた。建築した磯崎新《いそざきあらた》氏の事務所が1～2階、3階が篠山氏のオフィスである。受付の美女に出迎えられ、扉を開けると、がらんと広いスペースには陽光が射している。その向こうにソファに腰掛けた篠山氏の姿が……。初めて訪れた編集者たちは、まずこのシチュエーションに気圧《けお》されてしまうのだ。

そこに篠山氏が連載する雑誌の担当編集者やデスク、あるいは編集長を招く。高価なシャンパンの栓を抜き、振る舞って、ハイファイ装置から流れる心地よい音楽と酒にほろ酔いになる編集者たち。篠山氏の写真が大きなスクリーンに次々と映し出される。

「わあ、いいですね～、篠山先生!」「いいでしょ?　すごいでしょ?」「すごいです」

「ねっ、さて、お宅の雑誌はプロモーションに何ページ取ってくれるの？」といった調子である。

しかし……。今回の本は、そのやり方では売れないのではないか、と思った。無名の子供モデルたちの写真で、半分は私の文章なのだ。ああ、どうすればいいのだろう？

篠山氏の気迫に飲み込まれ、私は考えに考え抜いた。頭が痛くなるほどに。中森明夫のもっとも著名な仕事とは何だろう？　そう、〈おたく〉の命名だ。一つの新しい言葉を世に送ることで、状況を一変させた。しかし、それは私にとっていい思い出とは言えない。今でも〈おたく〉差別の元凶として非難されている。言葉を使う仕事をずっと続けてきた自分には、言葉によって状況を一変させる力がある——そう信じていた。しかし、それはいい結果ばかりをもたらすわけではない。私はその力を発揮するのをためらい、抑制するようになっていた。

けれども、今回ばかりは抑制を解いて、思いっきり力を発揮してみよう。そう、その結果こそが……〈チャイドル〉なのである。

社会現象になった〈チャイドル〉

「週刊SPA！」はそれまでのニュース系の週刊誌ではなく、サブカルやエンタメ色の濃い新しい雑誌だった。当時の同誌の編集者たちは、よくボヤいていたものだ。「あ〜あ、またテレビに企画をパクられたよ」、と。放送作家が企画会議に「SPA！」を持参して、特集記事のネタをしょっちゅう番組でパクっているというのだ。

それを聞いて、ピンときた。パ、ク、ら、せ、れ、ば、いいじゃないか！「週刊SPA！」1996年4月3日号は〈「チャイドル」という名の天使たち〉と題するカラー8ページの大特集を組んだ。〈見かけも考え方も大人よりセクシー。少女たちは、遂にここまで進化した！〉。吉野紗香や栗山千明らを起用して、新種族のその生態を面白おかしく記事にしたのだ。同号の巻頭〈ニュースな女たち〉にもチャイドルは登場している。

効果はてきめんだった。水曜日に雑誌が発売されて、土曜日にはテレビ朝日の番組『トゥナイト2』のスタッフから篠山氏の事務所に問い合わせの電話があった。翌々日の月曜日には同番組が〈チャイドル〉特集を組んだのだ！　それからはもう怒濤《どとう》の勢いだった。

『トゥナイト2』を始めとする情報バラエティー系の番組から夕方のニュース番組の特集コーナー等、ネタに飢えたテレビ番組たちは次々と後追い特集する。あげくにお堅いNHKの『クローズアップ現代』までもが取り上げた。〈チャイドル〉はまたたく間に社会現象となったのだ。

当時は〈アイドル冬の時代〉と呼ばれた。『ザ・ベストテン』や『夜のヒットスタジオ』や、昭和の歌番組が次々と終了して、アイドルがテレビに出演できる機会が失われた。〈チャイドル〉は芸能としてではなく、現象として、受け入れられた。歌番組ではなく、ニュースや情報番組によって報じられた。まさに私の狙いどおりである。

その渦中に、篠山氏と私の共著『Namaiki』は出版された。恵比寿の書店でサイン会が開かれたのだ。篠山氏と私と、チャイドル4人が出席する。まだ無名の少女たち……いや、9歳の幼女もいた!? はたしてお客さんは来るのだろうか?

書店に到着して、えっ! と目を見張った。数百人もの客がサイン会場の前に大行列を作っている。大半が男性だ。白髪頭の老人もいる。和服を着た年配の紳士が顔を赤らめ、9歳の幼女に花束を捧げたりもした。女の子たちのサインをもらい、「あっ、篠山先生と中森先生のサインはいりません！」と拒否する客もいた。苦笑するしかない。

篠山氏は私を見ると、にんまりと笑い、ガッツポーズを作ってみせた。『Ｎａｍａｉｋｉ』はたちまち売り切れ、何度も増刷を重ねた。無名少女たちの高価な写真集である。異例のことだろう。

こうなると篠山氏の勢いは、止まらない。チャイドルの女の子たちの写真を集中的に撮り始めた。「ブルータス」誌では丸々一冊、大特集を組んだ。写真集も次々と企画され、制作されてゆく。ところが……。

だんだん篠山氏の表情が曇ってくる。チャイドルについてのメディア報道は相変わらず続いていた。いや、ますます過熱している。我が娘《こ》をチャイドルに……という母親たちの気運も高まり、後には『チャイドルママの事件簿』なるゴールデンタイムのドラマまで放送された。こちらの狙いをはるかに超えている。

「なんだよ、チャイドルが話題になってるだけで、私の写真がちゃんと見られていないじゃないか！」

ついに篠山氏は怒り出した。選《え》りすぐりの少女たち8人をとらえた『少女館』（新潮社、

1997年）という写真集の帯文には、こんな文句が躍っている。

いやな言葉ですが
「チャイドル」の
原点はこの八人です。
——篠山紀信

愕然とした。篠山氏があれほど『Ｎａｍａ·ｉｋ·ｉ』を売ろうとして、すごい気迫で協力を要請してきたから、私も必死になって考えた……そんな言葉なのに。〈いやな言葉〉とは……。トホホである。ああ、巨匠写真家というのは、なんと業の深い存在なのだろう。またしても私は、自らの作った言葉によって復讐された。そんな苦い思いをしたものだ。

篠山紀信と少女たち

〈チャイドル〉は言葉としては定着しなかった。一ブームとして消費されたのだ。それでも、その後のシーンを変えたと思う。

『Ｎａｍａ・ｉｋ・ｉ』以後、篠山氏が出版した〈チャイドル〉の写真集で、もっとも反響を呼んだのは『神話少女　栗山千明』（新潮社、１９９７年）である。当時、栗山千明は13歳だった。小学生の時に撮影した写真も収録されているという。そこで彼女はなんとオールヌードを披露しているのだ。こんにちでは考えられないことである。

児童ポルノ法は、１９９９年に成立して施行された。『神話少女　栗山千明』は絶版になっている。児ポ法に抵触するとも言われるが、レア物として高額のプレミア価格で取り引きされているとも聞いた。

同書には私の〈アルテミスの世紀――栗山千明論〉と題する一文が収録されている。できるだけ高尚で高級な論にしてほしい、との依頼だった。単なるロリータ写真集にはしたくないということだったのだろう。そこで私は思いっきりペダンティックな文章を書いたのだ。以下が結びの一節である。

古代の神話ではない。

そう、栗山千明――

この少女は〝未来の神話〟に属しているのだ。

クエンティン・タランティーノ監督の映画『キル・ビル』で栗山千明が世界的脚光を浴びるのは、それから7年後のことだ。

同映画の彼女について問われた篠山氏は、こんなふうに答えていた。

「タランティーノ……遅いよ！」

『Ｎａｍａｉｋｉ』が出版された年の秋、私は渋谷のホールのステージに立っていた。栗山千明、吉野紗香、野村佑香らと共に。

写真集の売れゆき好調と〈チャイドル〉ブームの勢いに乗って、版元の新潮社は新雑誌を創刊することになった。クライアント向けのプロモーション・イベントに私も呼ばれたのだ。ルーズソックスに茶髪でガングロの――当時はいわゆる〈コギャル〉ブームの全盛だった。

「この少女たちがコギャルの時代を終わらせますよ!」

私は壇上からそう宣言する。「千明ちゃん」と声をかけると、長い黒髪のすらりとした美少女が立ち上がった。

「君は今、何歳?」

「……12歳です」

会場中がどよめいた。

翌年、新雑誌が創刊された時、版元のPR誌に私は推薦文を寄稿している。

新潮社の第二世紀は「少女」から始まる。創立一〇一年目を迎えた老舗出版社、女子供の雑誌に手を出さないと言われた硬派な新潮社からローティーン向けの少女ファッション誌が創刊されるという。(中略)彼女らを革命のジャンヌ・ダルクとして「ニコラ」が創刊されることによって、今まさに〝少女永久革命〟が勃発しようとしている!

(「波」1997年6月号、新潮社)

栗山千明をはじめ〈チャイドル〉たちは、少女ファッション誌「ニコラ」のモデルを務めた。その後、同誌の読者モデル（通称〝ニコモ〟）として、新垣結衣《あらがきゆい》・二階堂ふみ・能年玲奈《のうねんれな》・川口春奈・池田エライザ・藤田ニコルら数多くの人気タレントが世に出ている。〈チャイドル〉ブームがなければ、「ニコラ」は創刊されなかったはずだ。すると先に挙げたニコモ出身の人気タレントたちの現在も、少なからず変わっていたことだろう。

〈チャイドル〉の命名者として、今さらそのことを誇ろうというのではない。私の使命は、稀代《きだい》の写真家・篠山紀信氏との共働をなんとか世に知らしめようとしたこと。さらには、あの時代《ころ》、〝子役〟という言葉では捉えられない未知の魅力を発する少女たちに新たな称号を与え、注目を集めることだった。そうして、それは果たされたように思う。

あれから四半世紀余りが過ぎた。自分が〝批評家〟の枠を超え、抑制を解いて、芸能界の一潮流に関与したメモリアルとして記しておきたい。

第五章　さらば、沖縄の光

南の島の貴種流離譚《たん》

私が初めて沖縄の地を訪れたのは、1995年の夏だった。

「中森さん、沖縄にすごい芸能スクールがありますよ。一緒に見にいきませんか？」

大手レコード会社の新人開発部のスタッフに誘われたのだ。なんでも安室奈美恵を世に出した学校だという。安室は当時、ブレークのきざしを見せていた。

その年、6月に〈ニュースな女たち〉に出演している。夜、東京タワーの下での撮影に立ち会った。当時、安室は17歳。実物は意外に小柄で、顔が小さく、長時間にわたる撮影にも嫌な顔一つしない。潑剌としていた。

「かっこいいね！」と声をかけると「ありがとう！」と笑った。パッと周囲が明るくなる。こんな娘《こ》は、絶対に東京からは出てこない。彼女を生んだ南島の太陽の光が浮かぶ。沖縄へ行こう、と思った——。

初めて訪れた沖縄県那覇《なは》市。その日はエイサーまつりの真っ最中で、街は踊る大群衆でごった返していた。喧騒《けんそう》を離れ、小さなホールの扉を開くと、そこは熱気で充満している。

よちよち歩きの幼女から20歳の女子まで、次々とスクール生たちがステージに上がり、踊りまくる。フィナーレでは120名もの生徒全員が舞台に立ち大合唱……感動した。圧倒された。何よりも、こんなにも生き生きとした表情で唄い踊る少女たちを初めて見た。大げさではなく、胸の震えを感じる。

終演後、私たちは同スクールの校長と会見した。マオカラーの黒いスーツに身を包んだ中年紳士が柔和な笑みを浮かべている。

マキノ正幸氏。父は時代劇映画の巨匠・マキノ雅弘、母は人気女優・轟《とどろき》夕起子、そして祖父は日本映画の創始者・牧野省三《しょうぞう》……まさに絢爛《けんらん》たる芸能一族の血を引いている。それがなぜ、沖縄の地でダンススクールを？

その夜、会食の席でマキノ校長は自らの生い立ちを能弁に語った。太平洋戦争開戦の昭和16年、京都に生まれ、9歳で両親が離婚、母と共に上京した氏はその後、さまざまな業種に転職後、返還後の沖縄に赴き、芸能スクールを開校したのだという。

貴種流離という言葉を思い出す。貴い種、つまり王家の世継ぎや神話の英雄や、高貴な血を引く子供が王国を追放され、流浪の果てに試練を経て王位の復権をめざす——という物語原型だ。『日本書紀』のスサノオノミコトから『源氏物語』の須磨流謫《すまるたく》、『スター・ウォーズ』のルーク・スカイウォーカーに至るまで貴種流離譚は数多くある。しかし、そんな神話の主人公のような存在が、目の前に肉体を持って現れ、自らの物語を打ち明ける……ということの驚き！

なるほど、マキノ正幸氏はとてもいい顔をしていた。独特の品がある。長門裕之《ながとひろゆき》・津川雅彦兄弟は従兄弟《いとこ》にあたるそうだ。俳優も顔負けの美中年が朗々と自らの数奇な生い立ちを語る、その名調子でありかつ冷静な口調、抑制された声音の内に……どこか燃えるような情熱の炎を感じた。それは王国を追放された貴い種、そう、さながら後醍醐《ごだいご》天皇やナポレオンをも想起させる。遠い南島から失われた王位の復権を夢見る、執念の炎であったろうか？

〝自発性〟と過酷な現実

翌日、私たちはスクールのレッスン場を訪ねた。フローリングのスペースに、わっと子供たちが寄り集まっている。ダンスミュージックがガンガンに鳴り、色とりどりのウェアに身を包んだ少女らが、てんでばらばらに踊りまくっていた。壁面の鏡に身を映して踊る者、フロアに寝転びアクロバティックなブレークダンスに興じる者、さらには向かい合った2人が互いに張り合う〝バトル〟を繰り広げる者等、さまざまである。

とてもダンスレッスンの風景には見えない。単に少女たちが自由に、楽しく、遊んでいるみたいだった。スクールとは言うけれど、何しろここには教師の姿すら見当たらないではないか？

いや、一人だけ子供たちを見守る大人の女性がいる。牧野アンナさんだ。マキノ正幸校長の娘である。アンナさんは安室奈美恵が所属したＳＵＰＥＲ ＭＯＮＫＥＹ'Ｓのリーダーを務めていたが、脱退後、同スクールのチーフインストラクターとなった。

お話を伺った。１９８３年、当初は俳優養成所として沖縄アクターズスクールは開校する。正幸校長は資金繰りに忙しく、不在がちになった。残されたアンナさんたち年少のスクール生らは、カラオケがやりたい、ダンスを踊りたい等、自発的に動き出す。これが功を奏した。いわば放任教育である。先生がいない。「生徒が生徒を教える」場所。その先頭に立つ生徒こそアンナさんなのだ、と。

正幸校長はすぐにその本質を見抜いた。〝自発性〟こそが最重要なのだ。なるほどストリートダンスとは、アメリカの子供たちが街で自発的に踊り出したものだろう。それをダンススクールで先生が基礎からレッスンするというのは、ひどい矛盾だ。実際、その手のダンス教室は東京では珍しくない。しかし、この沖縄のスクールは、画然と違っていた。

現地の事情にくわしい芸能関係者にもお話を聞いた。

「安室奈美恵が人気になって、ほら、沖縄のちっちゃい娘たちはみんな安室ちゃんみたいになりたいってアクターズスクールへ入るんですよ。でね、実はあそこの娘たちはけっこう学校へ行かないで、朝からずっとスクールで踊ってる。地域の教育委員会から何度も勧告を受けたとか。安室ちゃんもそうだったんじゃないかな？　いやね、沖縄では女の子は高校を卒業するとなかなか就職先がなくて、本土へ行ってしまう。学校なんか出てもしょうがない。そう思ってる親もけっこういる。で、子供たちは朝から晩まで好きなダンスを踊りまくってる。そりゃあ、土日にダンススクールに通ってますっつう本土の子供たちとは、も、全然、質が違いますよ」

愕然とした。目の前で生き生きと瞳を輝かせて自由奔放に踊る、子供たちのその〝自発性〟が、いったいどんな過酷な現実によって根ざしていたのか。痛烈に思い知らされたようだった。

マキノ校長がレッスン場へ入ってきた。生徒たちが呼び集められる。フロアに座った。校長の指示によって4人のメンバーがピックアップされる。

「うちの優等生たちです」

誇らしげな紹介と共に、1人ずつ我々の前でダンスを披露してくれた。

みんな童顔で、おそらく小学生だろうか？　幼い子供と見えたものが、音楽が鳴ると、弾けるように踊り出した。今まで見たこともないダンス、躍動感、強烈な若さのパワーを発散している。何よりその表情、輝くばかりのその笑顔があまりにもまぶしい。

圧巻だった。身が震えた。同行の大手レコード会社のスタッフらは、みんな、あんぐりと口を開けて呆然としている。


その夜、私たちは沖縄のバーで呑んだ。私を誘ってくれた新人開発部のスタッフ、彼の上司の部長、オーディション情報誌の編集長らである。みんな興奮していた。今日、目撃した4人の少女たちが踊る光景、その衝撃が忘れられない。

あんな女の子たちは見たことがない。今すぐスカウトしてデビューさせるべきだ。彼女たちは日本の芸能界を……いや、若い世代のカルチャーをも一変させるだろう。

そうまくしたてる私を、部長が制した。長いキャリアを持つ中年の音楽業界人である。神妙な顔をして「あの子たちは、すごい」ともらした。そうして、ため息をつくように言葉を続ける。

「すごい……だけど、早すぎる」

もう2年待ちたい、と言う。愕然とした。そんなバカな、とも思う。しかし、それ以上、私の反駁《はんばく》は聞き入れられなかった。

4人の少女たちは、翌年、別のレコード会社からメジャー・デビューを果たす。

そう、SPEEDである。

私が会った当時、メンバーの新垣仁絵《あらかきひとえ》は14歳、上原多香子は12歳、今井絵理子と島袋寛《ひろ》子《こ》は11歳だった。その後の彼女たちの活躍は、もう記すまでもないだろう。

「踊れ、踊れ、踊れ!!」

沖縄から帰ると、すぐに私は篠山紀信氏の事務所へと行った。そこで見た少女たちの衝撃を、熱く語った。

「中森さんがそこまで言うなら……行ってみようか」

篠山氏を伴って、再び私が南の島へと飛んだのは、11月の上旬である。その間、沖縄は大変なことになっていた。

9月初め、駐留米兵による少女暴行事件が発覚する。大田昌秀《まさひで》知事の米軍用地強制使用・代理署名拒否、地位協定見直し論議から8万5000人の県民総決起大会へ……沖縄は揺れていた。奇《く》しくもそれは戦後50年目の夏のこと、1人の少女の悲劇に端を発し、やがて「日米安保そのものを揺るがす」と報じられる事態に至っていた。

暴行米兵らの初公判と、防衛庁長官の沖縄訪問があったその週末、我々は現地に到着した。沖縄は異様な空気に包まれている。プラカードが掲げられ、シュプレヒコールが叫ばれる、市民のデモにも遭遇した。

少女暴行事件の取材に来たわけではない。私たちは、踊る沖縄の少女たちに会いに来たのだ。しかも、同伴の写真家の妻はこの島出身の南沙織……そう、返還前年に『17才』によって日本のアイドル第1号となった、かつての沖縄少女である。なんだか私は、この国の戦後史とアイドルの歴史の転換点に立っているようにも思えて、不思議な胸騒ぎを覚えた。

翌朝、ホテルの窓を開けると、真っ青に晴れ渡った空が見えた。篠山氏の発案で、海の見える高台で撮影することになる。チャーターされたロケバスにアクターズスクールの生徒たちが乗り込んだ。

到着したのは、瓦礫《がれき》の散乱する廃墟《はいきょ》のような場所だった。ここで〈ニュースな女たち〉の5ページ分のカットを撮る。女の子らは何組かに分けられ、巨匠写真家のカメラの前でおずおずとしていた。表情も硬く、棒立ちである。

「音楽をかけよう」という篠山氏の指示で、ダンスミュージックが流されるが、みんなぎこちなく体を揺らしているだけだ。スクール内では序列があるのか、例の〝優等生〟4人組は中心にいるものの、より年かさの少女たちは輪から外れている。目ざとくそれを見た篠山氏から声が飛んだ。

「何やってるんだ、君たち！　みんな中へ入って踊れよ!!」

パッと少女たちの表情が変わった。うれしそうに輪の中へ飛び込んでくると、猛烈な勢いで踊り出した。他の女の子らも負けじと踊りまくる。

「そうだ、そうだ！　踊れ、踊れ、踊れ!!」

こういう時の篠山氏の喚起力はすごい。場の空気が一変した。踊る少女たちのエネルギーで充満する。私は息を呑んだ。

……高台の廃墟に音楽が鳴ると、少女らがいっせいに踊り出し、篠山紀信さんがシャッターを切る。遠い水平線をバックに誰もが独自の踊り方で踊っている。ダンスの水準の高さはもちろん、その自発性、生き生きとした表情が素晴らしい。こんな光景、見たことなかった！　もし、あなたが日本のダンスシーンの最先端が見たいなら、今すぐ沖縄へ行くといい。そこには踊るアイドルの未来がある。今一度、問おう。僕らは本当に沖縄の少女を知っているか、と。目の前で踊るアイドル少女らの姿、その顔、その表情をよく見てほしい。笑う、唄う、叫ぶ表情、撓《しな》る脚、跳《は》ねる腰、舞う個性、振り乱れる髪、躍動する身体、光り輝く顔、顔、顔……。
君は本当に知っているか？　これが沖縄の少女なのだ！
（「週刊ＳＰＡ！」１９９５年11月29日号〈ニュースな女たち〉、扶桑社）

週刊誌の巻頭グラビアページを飾った、踊る沖縄の少女たちは大きな反響を呼んだ。その後、アクターズスクールには取材が殺到したという。翌年、ＳＰＥＥＤはメジャー・デビューして、またたく間にブレークした。安室奈美恵はアムラー・ブームを巻き起こし、国民的アイドルになる。長らく続いた〝アイドル冬の時代〟は終焉《しゅうえん》を告げた。沖縄から地殻変動が起こったのだ。

篠山紀信氏は、その後も沖縄へと通いつめ、アクターズスクールの少女たちを撮り続けた。それは写真集『少女たちのオキナワ』（新潮社、１９９７年）に結実して、フランスの国際写真フェスティバルで金賞に輝いている。

ちょうど前章の〈チャイドル〉たちを撮っていたのと同時期だ。両者を組み合わせて〈東京少女と沖縄少女〉と題する写真展も開いた。アイドルと少女をめぐる篠山氏と私の協働のピークの頃と言っていいだろう。

真っ青な海に見えた光

その後、私がマキノ正幸校長と再会したのは、2年後のことである。アムラー・ブームとSPEEDの大ブレークで、沖縄アクターズスクールは急拡大した。全国提携のオーディションを開催して、精鋭メンバーらをB.B.WAVESと名づけてデビューさせる。そのお披露目イベントに取材に行った。

日本武道館である。武道館のバックステージで、マキノ氏は大勢の人々に取り巻かれていた。私の顔を発見すると、笑みを浮かべ、近づいてくる。

「やあ、中森さん。いつぞやは、ありがとう」

ほんの短い会話を交わして、マキノ氏はまた取り巻きに囲まれ、忙しそうに去っていった。初めて会った沖縄でのあの夜、会食の席で、ハッとしたことを想起する。氏の内奥にある、あの燃えるような情熱の炎……。

そう、貴種流離。日本映画の創始者の孫として生まれ、南島へと流れ着いた貴い種、かっての放浪皇子は、ついに失われた王権を奪還したのだろうか？

活動写真に始まる日本芸能史の縦軸と、京都から琉球へと至る芸能地平の横軸が、マキノ正幸という一人の傑物の血中で交錯する（嗚呼《ああ》、『日本映画縦断』と『琉歌幻視行』の竹中労が存命なら！）。尾上《おのえ》松之助の『児雷也』の殺陣《たて》が、まばたき一つの間に『TRY ME』の安室奈美恵のダンスに変幻する。辺境から中央に挑む。四半世紀後の今、かつてのマキノ一族の放浪皇子が姫君アンナとともに南の島の踊る乙女らを従えてニッポン芸能の中心を撃つ！

そんな私の夢想に「否《いな》」と応じたのはマキノ自身だった。近著『才能』の後記に書く。京都の寺にある祖父・省三の銅像に挨拶に行った。自分はもうあなたをめざさない。マキノ家の墓には入らない。沖縄の海の見える丘の上に小さな石を置いて、それを自分の墓にするのだ——、と。

「どんな子供にも才能はある」とマキノは断言する。目の前の子供たちこそが何よりの証拠だ。踊る少女たちが全身で訴えかける。〝貴種〟なんてものはない。いや、いわば誰もが〝貴種〟なのだ！　と。武道館はニッポン芸能の中心ではない。それは一つの水路、ここから世界へと泳ぎ出して行くための交通の場にすぎない。B.B.WAVES——波が、新たな時代の才能の波が今、押し寄せてくる。その瞬間、日本武道館のステージが真っ青な沖縄の海になった！

（「週刊SPA！」1998年9月8日号）


その後、私は一度もマキノ正幸氏と会っていない。沖縄へ行くこともない。あれから四半世紀余りの時が過ぎた。

時折、私は海の夢を見る。南の島の真っ青な海だ。波の音で目覚める。真夜中だった。波ではない。それは通り過ぎる車の音だと気づく。東京だ。キッチンへ行って、一杯の水を飲む。鏡に映るのは、初老の男だ。もう若くはない。それでも……。

あの南の島の真っ青な海を臨む高台で、光に包まれて踊っていた少女たちの幻影を見るのだ。あれは本当にあったことだろうか？

古びた週刊誌を取り出す。28年前のものだ。表紙をめくる。やはり、あった。巻頭グラビアで女の子たちが踊っていた。

SPEEDになる前の4人がいる。14歳の知念里奈もいる。いや、踊る幼い子供たちの中には……なんと9歳の満島《みつしま》ひかりや11歳の山田優《ゆう》もいるではないか！信じられない。あの時、自分はここにいた。そうだ。踊る少女たちを目撃して、身を震わせたのだ。

いや、しかし……。

たしかに見たはずのあの南の島のまばゆい光が、遠のいてゆく。ゆっくりと、ぼんやりと、明るさを失って、そうしてやがて……見えなくなってしまった。

☆加護亜依《かごあい》は勝新太郎である

〈加護亜依は勝新太郎である〉という文章を週刊誌のコラムで書いた。加護ちゃんと初対面した時にそのことを伝えると、「あっ、2ちゃんねるで見た。って、私、2ちゃん、見てんのかよ(笑)」と言う。2009年春のことだ。「サブラ」というアイドルグラビア雑誌のインタビューだった。

加護亜依は12歳でモーニング娘。に入る。同学年の辻希美《つじのぞみ》と後にW(ダブルユー)というユニットを組み、人気をはくした。18歳の時に喫煙現場を写真週刊誌にスッパ抜かれ、謹慎中に再度の喫煙を暴かれて、事務所をクビになった。不倫報道がさらに追い討ちをかける。

ロリータ的な可憐なルックスと、あまりにもアンバランスなスキャンダル。お騒がせアイドルのイメージがすっかり定着した。私が初対面したのは、香港《ホンコン》映画『カンフーシェフ』に出演して再起を懸けようとしていた頃だ。21歳の加護亜依は、とびきりキュートだった。

勝新太郎は私生活はめちゃめちゃだけど、芝居をやると天才役者と讃《たた》えられた。いわゆる〝役者馬鹿〟である。

「じゃあ、あたしはナニ馬鹿っすか？」と彼女は訊《き》いた。

「加護ちゃんは……〝プリティー馬鹿〟！」

「何それ？　本当の馬鹿っすか（苦笑）」

いやいやいや、加護亜依はプライベートはスキャンダルまみれでも、プリティーの天才なのだよ、と。

加護亜依が勝新太郎なら、広末涼子《ひろすえ》は横山やすしだ！　２００1年、泥酔した広末がタクシーに無賃乗車した……というスキャンダルが報じられた。そういえば横山やすしもタクシーで事件を起こしている⁉　天才漫才師と讃えられた横山のヤッさんも、たび重なるスキャンダルによって転落していった。

1996年春、四国・高知から上京した15歳の広末涼子と会った。際立ったかわいさに目を見張る。2年後、17歳の彼女と再会、あんなに輝いていた美少女もいない。1990年代〝アイドル冬の時代〟に、広末涼子はひときわ輝くワン・アンド・オンリーの巨星だった。

しかし……。

早稲田大学に自己推薦入学したあたりから様子がおかしくなる。早稲田のイモ学生どもは登校する広末に群がって集団パニックを引き起こす（皮肉なことに彼女が有名になったCMのドコモの携帯電話で「広末、来てるよ〜」と連絡を取り合いながら……）。ああ、時代が悪かった。これが吉永小百合の頃なら、早稲田の学生たちも遠巻きにサユリ様を見守っているだけだ。同学年の九州から上京した青年は、学食で吉永が残したパンの耳をこっそり持ち帰ろうかと思ったという（そう、タモリである）。携帯電話も、写真週刊誌も、芸能レポーターも、2ちゃんねるもない。それが清純派女優・吉永小百合の神話を作った。対する広末涼子は、清純派アイドルという幻想がもはや成立不可能な過酷な時代環境を生きなければならなかった。

その後、私は加護亜依と再会する。知人の編集者に誘われたのだ。「加護ちゃんを応援しようよ」と言う。横浜の中華街、チャイニーズレストランの個室だった。加護はチンタオビールや老酒を呑み、煙草《たばこ》をスパスパ吸っている。相変わらずキュートだった。上機嫌で話す。喫煙発覚の騒動の頃、アメリカ・ロサンゼルスへ行った。友人のパーティーできれいな女性に声をかけられる。自分はジャパニーズ・アイドルだけど煙草でクビになった……と打ち明けると「何、そんなこと？　私なんて万引きしたわよ」と言う。ハリウッド女優ウィノナ・ライダーだった！

私は加護ちゃんに『イーディ』（筑摩書房、１９８９年）という分厚い本をプレゼントした。ポップアートの帝王アンディ・ウォーホルがスーパースターにしたカリスマモデル、イーディ・セジウィックの伝記である。イーディは60年代のヒロインと呼ばれ、ボブ・ディランと恋をして、麻薬中毒となり、28歳で死んだ。

加護亜依が瞳を輝かせて叫ぶ。

「あたし、イーディ、大好き！　あたしも早く死んで伝説になりたい!!」

『イーディ』の翻訳者・青山南先生と30年ぶりに再会して、新宿歌舞伎町の酒場で呑んだ。先の加護ちゃんの発言を伝えると、えっ⁉ と青山先生も絶句する。すっかり呑み明かして、朝帰りすると、ニュース速報が……大量の精神安定剤を服用、手首を切り倒れているのを発見、〝加護亜依、自殺未遂⁉〟。

加護亜依も広末涼子も、見かけは可憐だけれど、中身は勝新太郎や横山やすしなのだ。いや、太宰《だざい》治や坂口安吾のようでもある。そう、無頼派アイドルだ。それでも彼女らはくたばらなかった。たくましく生き延びた。

加護亜依と最後に会ったのは、古い洋館の隠れ家バーだ。たび重なるスキャンダル報道に追われ、ウインドー全面に黒い目隠しをしたワンボックスカーで彼女はやって来た。

編集者やカメラマン等、加護ちゃんを復活させる会の面々……私は秘策を提案する。かつて60年代にジョン・レノンとオノ・ヨーコがやったパフォーマンス、ベッド・イン。ホテルのベッドに横たわりメッセージを発する。あれの加護ちゃん版をやろう！ ベッドに半裸で横たわる加護亜依の元へカメラマンや映画監督、インタビュアーや俳優らが訪れ、作品を作る。24時間、インターネットで中継しよう。題して〈加護亜依24時〉だ。

「やりたい！」と彼女は叫ぶ。座は盛り上がった。その夜の彼女はひときわ美しい。赤ワインに酔い、頬を朱に染め、希望に満ちた瞳をきらきらと輝かせていた。

「加護ちゃん、これだけは言っとくよ。くれぐれも……避妊には気をつけて」

「わかった」と彼女はしっかりとうなずく。

ほどなくして加護亜依の妊娠が報じられた。

第六章　『時をかける少女』の40年

脱がせ屋・大林宣彦《おおばやしのぶひこ》

アイドルは本来、歌手だった。それがドラマや映画に出演して、俳優に転身することがある（あるいはその両者を兼ねることも）。最初期の典型例が山口百恵だろう。

これとまったく逆のケースもある。女優としてデビューして、歌を唄い、歌手としても人気を得る。薬師丸《やくしまる》ひろ子がその代表選手だ。

女優・山口百恵の最後の映画『古都』は、1980年12月に公開されている。奇しくも同年7月の『翔んだカップル』によって薬師丸ひろ子は映画初主演を果たした（デビューは78年10月『野性の証明』）。

山口百恵から薬師丸ひろ子へ！　70年代から80年代へ、アイドル女優の女王位が継承されたという次第だ。

この両者の主演映画を撮ったのが、大林宣彦監督である（山口百恵『ふりむけば愛』〈78年〉、薬師丸ひろ子『ねらわれた学園』〈81年〉）。大林はコマーシャルフィルムのディレクターだった。他方、実験的な自主映画も撮っている。初めて商業映画の監督を務めたのが77年、

39歳の時だ。『HOUSE』である。

7人の少女たちが家に食べられてしまう!? という奇想天外な作品で、それを見た17歳の私は大きなショックを受けた。82年の映画『転校生』は少年少女の魂の入れ替わりを描いた快作で、絶賛を浴びる。いずれの作品でもアイドル的な少女をとらえた映像が美しく、みずみずしい。

2012年5月17日、有楽町スバル座で大林監督作品『この空の花 長岡花火物語』を見た。2時間40分の超大作で、衝撃を受ける。が、映画館はガラガラだった。その日の真夜中、雷が鳴り、大雨となる。目覚めた私は、ひたすらツイッターで同映画の衝撃を拡散し続けた。たまたま映画館ですれ違った美術批評家・椹木野衣《さわらぎのい》氏ともタイムライン上で共闘する。SNSで火がつき、話題の輪が広がって、やがて観客が増えていった。

6月8日の上映最終日、ついに映画館は満員になる。私も駆けつけた。最終回の上映終了後、拍手が鳴って、なんと大林宣彦監督が観客の前に現れたのだ! 歓声がわき起こった。少年時代からの憧れの監督と初対面して、がっちり握手を交わす。感動の瞬間だった。

その日から、2020年春、大林監督が亡くなるまで親交は続いた。招かれて、一緒に長岡の花火大会へ行ったこともある。楽しい思い出は数多くあるけれど、ここに一つだけ披露しておきたい。

大林映画では、ヒロインが美しい裸身を見せる。『ふたり』の石田ひかりのお風呂、『彼のオートバイ、彼女の島』の原田貴和子《きわこ》の温泉、『野ゆき山ゆき海べゆき』の鷲尾《わしお》いさ子の行水、『転校生　さよならあなた』の蓮佛《れんぶつ》美沙子の池ポチャ等……ラブシーンではなく、いずれも水に濡れる場面なのだ。

どうやって監督は、若い女優にヌードシーンを了解させたのか？　トークイベントで私は訊いた。

監督の血相が変わる。

「大林は脱がせ屋だという人がいる……とんでもない！」

場が凍りついた。

「私は女優を脱がせたことなんか一度もありません」

えっ？

「……着せてないだけだ！」

場内大爆笑となった。

アイドル映画とは何か

アイドルと映画について考えてみたい。

2015年、ももいろクローバーZ主演の映画『幕が上がる』が公開された（優れた作品だ）。公開時に同映画の脚本家が「アイドル映画だと思っていません」と発言したのだ。疑問を持った私は、以下のようなツイートをした。

アイドル映画という概念は確立されてないし、誰もポジティブに語らない。「これはアイドル映画じゃない」と否定される時にそう呼ばれるだけで。「サブカル」に近い。まだ確立されてない概念を擁護し、否定されるサイドに立って、ポジティブな価値を語るのが批評家の仕事だと思っています。

（@a_i_jp　2015/03/01）

さて、アイドル映画とは何だろう？

アイドル映画とは、ようするに「そのアイドルがスクリーンに映ることに唯一最大の目的がある」映画である。テーマもストーリーも台詞も音楽も二義的なものとなる。いかにアイドルファンを一時間数十分の間、至福の時に浸らせるかに全てがかかり、逆にいえば、そのアイドルのファンでない者には耐えられない作品になるのも覚悟しなければならない。その割り切りが必要だった。

（中川右介『角川映画　１９７６－１９８６』増補版、角川文庫、２０１６年）

大林宣彦監督は、アイドル映画として割りきって『ねらわれた学園』を撮ったという。それは角川春樹《かどかわはるき》に「薬師丸ひろ子をアイドルにしてやってくれ」と依頼されたからなのだそうだ。

１９７６年の『犬神家の一族』に始まり、『人間の証明』『復活の日』等、角川映画は当初、ミステリーやＳＦ大作でヒットを飛ばした。それが１９８０年代に入ると、薬師丸を筆頭に角川三人娘を輩出して、アイドル映画路線へと変貌する。その契機となったのが、

『ねらわれた学園』なのだ。

薬師丸ひろ子主演の次作『セーラー服と機関銃』は空前の大ヒットとなり、社会現象にまでなった。薬師丸はテーマ曲を唄い、これも大ヒット。国民的アイドル女優となる。同作の監督は、相米《そうまい》慎二。相米と大林宣彦は、アイドル映画の二大巨匠とも称された。

たしかに薬師丸と相米の『セーラー服と機関銃』は時代の画期となる。しかし、大林の角川映画としての次作は、さらに時代を超える金字塔、いわば映画史に残るレジェンドともなった。

そう、『時をかける少女』である。

筒井康隆の原作は1960年代半ば、学年誌に連載された少年少女向けのジュブナイル小説だ。72年、NHKの少年ドラマシリーズ第1弾として『タイム・トラベラー』と改題され、放送された。76年に角川文庫に収録されたこの作品を、初めて映画化しようと角川春樹は決意した。

そこで監督に指名したのが、大林宣彦である。主演は原田知世、当時15歳だった。

「原田知世は天才です」

原田のデビューについては面白いエピソードがある。薬師丸ひろ子が大学進学のため一年間の休業を発表した。そこで彼女に続くスターを発掘するため〈角川映画大型新人女優コンテスト〉が開催される。優勝したのは渡辺典子だった。

その時、長崎出身の1人の少女に角川春樹は魅せられた。原田知世である。「オレのヨメにしたい」ともらしたとも言われる（大林宣彦の証言による）。当時、角川は40歳、原田は14歳だ。さすがにまずいと「オレの息子のヨメにしたい」と訂正したという。

つかこうへい等、他の審査員の反対を押しきって強引に特別賞を授与する。原田はドラマ版『セーラー服と機関銃』『ねらわれた学園』に主演した。いかにも線の細い素朴な少女である。彼女が女優として大成することは望めない、と角川は見て取った。そこで「1本だけ映画をプレゼントして引退させよう」と決意したという。

映画『転校生』の舞台となった大林の故郷・広島県尾道《おのみち》市での撮影を指示した。製作資金は角川春樹のポケットマネーだった、と後に明かされている。撮影現場の大林から角川に手紙が届いた。「原田知世は天才です」と記されていた。

映画『時をかける少女』は83年7月16日に公開された。薬師丸ひろ子主演『探偵物語』と併映で、『南極物語』に次いでその年の興行収入第2位（28億円）の大ヒットを記録する。当初はオマケ扱いであったのが、間もなく評価は逆転した（キネマ旬報の読者選出ベストテンで『時をかける少女』は第3位、『探偵物語』は第10位）。

当時、私は映画館でこの作品を見た。観客の大半は薬師丸主演の『探偵物語』めあてだったように思う。併映の『時をかける少女』が上映開始されると、だんだん館内の空気が変化していった。原田知世のアップがスクリーンに映るたび、一斉にため息がもれる。男性客たちのものだった。

エンディングで理科実験室にて倒れた制服姿の原田が起き上がり、テーマ曲を唄い出した時には映画館内が大爆笑の渦となる。拍手したり、足を踏み鳴らしたりする者もいた。日本の劇場では珍しい光景だ。あんな祝祭的な空気は後にも先にも経験がない。

薬師丸ひろ子ファンの相当数がこの映画によって原田知世に流れたのではないか？　そう実感した。「大林宣彦って、すげーな」とその手腕に舌を巻いたものだ。

『時かけ』の答え合わせ

『時をかける少女』は主人公・芳山和子《よしやまかずこ》が理科実験室でラベンダーの香りを嗅いで意識を失う。彼女はタイムトラベルの能力を得ていた。実は、同級生・深町一夫《ふかまちかずお》は西暦2660年からやって来た未来人ケン・ソゴルだった。深町＝ケン・ソゴルは和子の記憶を抹消して未来へと去ってゆく。

単なる時間旅行を主題としたSFドラマではない。この物語のポイントは、異なる時間を生きる若い男女の出逢いと別れ——その切なさだ。思春期の淡いラブストーリーであり、みずみずしい青春物語なのである。

原作小説ともテレビドラマ版『タイム・トラベラー』とも異なるのは、映画版『時かけ』が広島県尾道市を舞台にしていたことだろう。古い家並が連なる地方の街の風景、ことに坂道のショットが頻出する。後年、この映画を見直して感慨を新たにした。尾道の歩道や坂が本当に狭い。そこをちょこちょこと行く原田知世の小動物のような可憐さこそ、この作品の最大の魅力だと気づいた。あの舞台の狭さが成長過程の少女の抑圧や切迫感を際立たせている（やがてその衝動が時間のジャンプへと至るのだ）。

大林監督にそう伝えると「ああ、よく気づいたね」と微笑んだ。「『転校生』では、ほら尾道の海を撮ったでしょ？　あの開かれた海の風景は『時をかける少女』ではまったく映さなかった。狭い坂道のほうに知世を閉じ込めたんだね」。たしかにあれは動物映画だった、ともらした。

監督自身のそんな言葉を聞く。それは特権的であり、かつ、なんだか青春の答え合わせのような至福の瞬間だった。

もう一つ、特筆しておくべきことがある。この映画の撮影の直前に原田知世は髪を切った。少年とも見まがうような鮮烈なショートヘア。あの短髪美少女の可憐さに心を奪われた男子は多い。『時かけ』はその後、ドラマ、アニメ、続編とさまざまにリメイクされたが、原作小説を離れ、主役がおおむね短髪少女なのは、きっと83年版『時かけ』の効果なのだろう。なるほど髪を切ることは、時間を切断することだ。そう、原田知世は〝時〟と共にヒロインの〝髪の毛〟をも切断した。

〝妹〟から理想の恋人へ

この映画の大成功は彼女の運命を変えた。「1作だけで引退させる」という方針をひるがえす。なんと角川自身が監督を務め、原田の次作『愛情物語』を撮ったのだ。原田知世は薬師丸ひろ子と並ぶ角川映画の看板女優となった。その後も『天国にいちばん近い島』『早春物語』と秀作映画に主演し続ける。

あの頃の彼女の輝きを、どう形容したらいいだろう。80年代に20代を過ごした私たち男子が〝妹〟というと思い浮かぶのは、短髪美少女・原田知世の笑顔ではないか？

87年、角川を離れた彼女が姉・貴和子と出演した映画『私をスキーに連れてって』が大ヒット！　今でもユーミンの挿入歌（『恋人がサンタクロース』）がスキーシーズンになると流れる。続く『彼女が水着にきがえたら』では、時あたかもバブル景気、若者たちが海へ山へとレジャーに遊んだ。その時の理想の恋人像こそ、少女から美しい女優へと成長した、原田知世だった。

とはいえ、彼女にはバブルの匂いもしないし、トレンディー女優の呼称もあたらない。

不思議だ。ワン・アンド・オンリーの存在の女優&シンガーとして長く活躍を続けている。そうしてデビューから40年を超えて、今では50代半ばとなった。ちょっと信じられない。

原田が女優としての真価を発揮したのは、実は近年のこと。50歳になろうかという頃である。NHKドラマ『紙の月』(2014年)、『運命に、似た恋』(2016年)に主演したのだ。若手イケメン男優らとのラブストーリーが話題をかっさらった(相手役の斎藤工《たくみ》が大ブレークする)。前者が角田《かくた》光代原作、後者が北川悦吏子《えりこ》脚本――おじさんたちのアイドルだった美少女が、いつしか中年女性らの欲望を託せる大人の女優へと変貌していた。「原田知世みたいになりたい!」。今、もっとも元気なアラフォー、アラフィフ世代らの絶対的なロールモデル(理想像)なのだ。

ダンデライオンの花束

2017年のことである。「大人のおしゃれ手帖《てちょう》」というファッション誌から連絡があった。原田知世のデビュー35周年記念特集でインタビュアーを務めてほしいという。

これは大変なことになった!

即座に引き受けたが、思えば、原田とは初対面だ。まさかこんな日が訪れようとは……。ハッと思いついて、慌てて私は花屋に電話した。「たんぽぽの花束を！」と注文したのである。83年の彼女の名曲『ダンデライオン～遅咲きのたんぽぽ』（松任谷由実・作詞作曲）にあやかって。しかし……。

「たんぽぽは花束にならないんですよ。すぐに枯れてしまって。土手とかに咲いてるのを摘んで、その場で渡すしかないのでは？」

ああ……。

近所の土手を探し廻《まわ》ったが、季節はずれで、たんぽぽの姿はない。

さっすが、ユーミン！　と感嘆した。だって、そうだろう。薔薇《ばら》はどんなに高価でも花屋で買える。しかし、たんぽぽはお金では買えない。花束にならない。摘んだらすぐに枯れてしまう。そんな野に咲く花にこそ、原田知世をなぞらえるなんて……。

港区のフォトスタジオへと私は駆けつけた。グラビア撮影を終えた後の原田知世と初対面する。なんとも言えない感情がこみ上げてきた。目の前に美しい女性《ひと》がいる。ピュアな魅力に輝いていて、スター気取りがまったくない。野に咲く花のままで生きてきたような人。年齢を感じさせない。彼女こそが永遠の時をかける少女だ、と思った。

私は考えに考え抜いた最後の質問をした。

「もし本当にタイムトラベルができて、時をかけ35年前に帰るとします。そこには14歳の原田知世がいる。そしたら、その女の子になんて声をかけますか？」

虚をつかれたような表情をした彼女は、しばし沈黙して、思案げにうつむいていた。そうして顔を上げると、まっすぐな瞳をして、口を開く。

「……素晴らしい未来が待っているよ」

うっ、と嗚咽する声がもれた。同席していた女性編集者が涙を流していた。まわりのスタッフもみんな泣いている。感動した。ああ、この瞬間に立ち会えて本当に幸福だった。

そうして私は用意してきたものを手渡す。

「原田さん……ダンデライオンの花束をお持ちしました」

造花だったけれど。

それは仕方がない。

本物の花、枯れない花は、原田知世さんそのものなんだから――。

写真／著者提供

第七章　竹内結子《ゆうこ》の肖像

初仕事、初取材

1996年、春。私は地下鉄に乗っていた。南阿佐ケ谷から四谷三丁目の仕事場へと向かう。丸ノ内線である。ちょうど1年前、オウム真理教による地下鉄サリン事件があった。そんな頃の話だ——。

ふと顔を上げて、ハッとした。えっ！　胸の高鳴りを覚える。

ショートカットの女の子が笑っていた。ふいにさわやかな風が吹き過ぎるのを感じたのだ。

車内の中吊《なかづ》り広告だった。

〈ずっとずっと、この街に。わたしの街の国有宅地〉のコピー。〈大蔵省　関東財務局〉とある。官製の告知広告だ。とびきりの美少女がそこで笑っていた。たちまち私は魅せられる。名前は記されていない。いったい誰だろう？

当時はパソコンはおろか携帯電話も持っていない。現在のように、インターネットで「ググる」なんて不可能だった。思いきって私は大蔵省へと電話をかける。

「えーと、ライターの中森と申します。実は、関東財務局の広告に出ている女の子の件で……」

「はあ？」と、けげんな声の役人。明らかにうざがられ、不審がられ、電話をたらい回しにされて、なんとかやっと目的を達したのである。

竹内結子――。

それが、彼女の名前だった。

「近代映画」という雑誌があった。「平凡」や「明星」より古い。終戦の年、昭和20年に創刊した老舗芸能雑誌である。同誌に私は〈中森アイドル応援隊〉という連載ページを持っていた。〈まだ見ぬボクらだけのアイドルを発見して応援しよう！〉の主旨である。そこで取材オファーをしたのだ。

同誌が「Ｋｉｎｄａｉ」と改名したリニューアル第1号（1996年7月号）である。銀座の古い社屋に彼女はやって来た。同行のマネージャー氏が開口一番、声を上げる。

「いやあ、さすが中森さんですね！　お目が高い。竹内結子はまだ活動を始めたばかりで、あの広告が初仕事、今回が芸能界入りして初めての取材ですよ」

はにかんだように少女は笑った。16歳。高校2年生。透明感に満ちあふれている。フレッシュだ。広告の写真よりも、ずっとかわいい。

原宿でスカウトされたという。当時はルーズソックスでガングロのコギャルが街を闊歩《かっぽ》していた。透けるような肌の目の前の純白少女は、真逆の印象である。話すと、受け答えがとてもしっかりとしていた。

「山口智子さんや豊川悦司さんが好きです」

ドラマやCMに出られるよう、がんばりたい、とも言う。

「でも……」と一瞬、表情が曇った。「地味なんですよね、名前が」とため息をつく。

慌てて私はフォローした。

「そうかな？　竹内結子って、ものすごくいい名前ですよ」

「ありがとうございます！」

パッと表情が明るくなった。

「見てくれる人が、ちゃんと私の名前をわかってくれるようになりたい」と言うと、じっとこちらを見つめる。きらきらと瞳が輝いていた。その瞬間である。

ああ、この娘《こ》はブレークする！　と確信したのだ。

「目が強い」という言い方がある。ベテランの芸能関係者らが新人女優を評価する時に、よく発する言葉だ。「あの娘は目が強い」「うん、目が強いからいいね」「目が強い女優は必ず伸びるよ」といった調子である。

「目が強い」とは目が大きいということではない。瞳に意志的な輝きがあるということだ。長く活動する芸能界の目利きたちは、新人タレントのそんな瞳の光を見逃さない。

16歳の竹内結子は、まさに「目の強い」女の子だった。たちまち私はファンになってしまった。

アイドルは女優よりも位《くらい》が低い!?

ここで、アイドルと女優について考えてみよう。アイドルは本来、歌手としてデビューするが、その後、女優に転ずるケースがある。「転ずる」というより「成長する」と捉えるむきもあった。長く芸能界で活動を続けるには、それがある種の必然だったかもしれない。

昭和から平成になって、アイドルの形も変わった。分業化したのだ。バラエティー番組に出るバラドル、グラビアアイドル略してグラドル、声優アイドル＝声ドル等である。「アイドル女優」もその中にあった。女優の肩書きだけれど、アイドル的な受容をされている女子タレントたちだ。90年代後半からゼロ年代にかけて（〝アイドル冬の時代〟とも相まって）、アイドル女優たちが輩出した。

上戸彩《うえとあや》がその代表格だろう。さらには広末涼子や田中麗奈《れな》ら、映画やドラマよりも前にまずテレビコマーシャル＝ＣＭで顔を知られた、いわば「ＣＭアイドル」発の女優たちだ。長澤まさみや沢尻エリカ、宮﨑あおい、蒼井優《あおいゆう》、井上真央《まお》、堀北真希、上野樹里、新垣結衣、石原さとみ、綾瀬《あやせ》はるか……といった顔ぶれが思い浮かぶ。

ところで、この「アイドル女優」という呼称は、当人はもとより所属する芸能事務所サイドからひどく嫌がられる。「ウチの〇〇はアイドルなんかじゃありません！　立派な女優です!!」というわけだ。明らかにどこかアイドルは女優よりもはるかに位が低いといった印象なのである。

私はそうは思わない。アイドルはそれ自体で立派な存在なのであり、「アイドル女優」

もまた独自の魅力を放つものであると考えている。

ゆえに私が、若き日の竹内結子を「アイドル女優」として捉えていたとしても、それは最大級のリスペクトを抱いてのことなのだ。

幻の共演

2年が過ぎた。ある日、作家の桜井亜美さんから電話が入る。彼女の小説が映画化されるという。なんでも私に出演してほしいとの依頼だった。驚いた。くわしく聞くと、援助交際で女子高生を買うオヤジ役で「裸になってもらうかも」と笑っている。

えっ！　とても人様にお見せするような肉体ではない。あたふたしながら、即座にお断りしたのだ。

完成した映画（『イノセントワールド』）を見たら、なんと主演・竹内結子！

映画出演は『リング』に次ぐ2作目で、18歳の彼女の初主演映画でもある。買春オヤジ役は社会学者の宮台真司氏が務められていた。裸にはなっていない。ベッドに寝そべる竹内のルーズソックスを脱がせて「もらっておくよ」と持ち帰る。さほどハードなシーンのある作品ではない。スクリーンに映る、18歳の彼女のみずみずしさが際立って、映画女優として充分に通用する、と目を見張った。

ああ、引き受けておけばよかったかな？　女優・竹内結子と映画で共演できる貴重なチャンスだったのに——と正直、後悔をした。

翌99年、彼女はＮＨＫの朝ドラ（連続テレビ小説）『あすか』のヒロインに抜擢《ばってき》される。一挙にブレークした。毎朝、19歳の竹内結子の笑顔が日本全国のお茶の間を明るくしたのだ（最終回の２０００年4月1日は、奇しくも彼女の20歳の誕生日だった！）。

関西を舞台に、和菓子職人をめざす女の子の物語である。

02年には、フジテレビ系の「月9」ドラマ『ランチの女王』のヒロインとして一躍、人気女優となった。ランチが大好きな女の子が、洋食屋に住み込み、恋に料理にとさまざまなドラマを展開させる。何より、ものを美味しそうに食べるその表情が絶品！　高級料理じゃない。和菓子や洋食屋のランチや……日常の食卓でこそ味わえる。隣にいてころころと笑ってそうなお姉ちゃん。トレンディードラマの季節が終わり、庶民的なたたずまいで万人に愛される女優となった。

その報《しら》せは突然、届いた

竹内結子と私が再会したのは01年、そう、21世紀最初の夏のことである。篠山紀信氏との週刊誌連載〈ニュースな女たち〉のグラビアページに出ていただいたのだ。

スタジオに彼女が現れると、瞬時に空気が変わる。ほう、とみんなため息をついた。美しい。21歳だ。初々しい少女が、今、大人の女優に羽化して飛び立とうとする——まさにその瞬間を見るようだ。まぶしい。トップ人気の芸能人だけが身にまとうオーラに照り輝いていた。

とても気軽に声をかけられない。撮影終了後、「あのー」とおずおずと声をもらすと、彼女のほうから笑いながらやって来た。「中森明夫さんでしょ？　お久しぶりです」と言う。5年ぶりの再会だ。ああ、覚えてくれていた。

「忘れるわけないじゃないですか！　だって、中森さんは私を初めて取材してくれた人なんだから」

うれしい。喜びがこみ上げ、全身に満ちあふれた。

その後の彼女の活躍は、記すまでもないだろう。20代から30代にかけて、ドラマに映画にと出ずっぱりだった。ラブストーリーから刑事ものまで何でもこなした。オールラウンドに見えながら、そのつど彼女でなければ表せない独自の輝きを発してもいる。この国のエンターテインメントの世界で、竹内結子は絶対に欠かせない女優となったのだ。

その報せは突然、届いた。旧知の芸能記者からの電話である。

「中森さん、ご存じですか？　女優の竹内結子が……亡くなりました」

えっ！　思わず、絶句した。

２０２０年９月27日のことである。

茫然《ぼうぜん》自失して電話を切った。テレビをつけると、竹内の訃報が流れている。〈享年40〉とあった。とても亡くなるような年齢じゃない。いや、その若々しい容姿に「ああ、もう40歳になられていたのか！」と驚いたものだ。

衝撃で、言葉を失ってしまった。その夏、公開の映画（『コンフィデンスマンＪＰ――プリンセス編』）にも出演していたし、９月１日には自身がＣＭキャラクターを務めるインスタントラーメンのPRイベントに登場してもいる。朝の情報番組で、その弾けるような笑顔を見たばかりだ。とても信じられない。

どうやら自死であるらしい。自死？　なんでまた……。

その年は、新型コロナウイルスの脅威が世界的に蔓延《まんえん》した。さまざまなイベントが中止され、緊急事態宣言が発令されて、不要不急の外出禁止、誰もが家に閉じこもり、街から人の姿が消えた。あたりまえの日常が失われて、終わりの見えない異様な状況が続いている。

三浦春馬《はるま》、芦名星《あしなせい》、藤木孝《たかし》……と、この間に、次々と命を絶った芸能人の報道がなされていた。竹内結子の名前もその列に続けて、一括りの事象として語るむきもある。

とても私には納得できない。そう、24年前の春、初めて会った新人女優――あの輝くばかりに美しい少女のきらきらとした瞳を思い出していた。

SMAPと「結子ちゃん」

竹内結子の訃報を受けて、草彅剛《くさなぎつよし》がコメントしている。「最初、出会った時からものすごい輝きを放っていた」、と。「結子ちゃん」と呼んでいた。ああ、なるほど、と思った。草彅との『黄泉《よみ》がえり』や、中居正広との『白い影』、木村拓哉《たくや》との『プライド』、香取慎吾との『薔薇のない花屋』等、SMAPのメンバーといくつも共演している。ジャニーズ系の人気アイドルと共演するのは女優にとって試練でもある。熱狂的な女性ファンの嫉妬や反感を買って、心ない悪口がインターネット上に充満するのだ。

しかし、竹内結子に限っては、そうではない。「彼女なら、仕方がない」と許される。いや、「竹内結子のようになりたい！」と女性たちの憧れる存在になっていた。

SMAPは2016年に解散した。戦後芸能史に残る国民的アイドルグループだ。兄貴世代のSMAPの面々にとって、竹内結子はずっと「結子ちゃん」だった。平成という時代が回顧される時、SMAPのメンバーの隣ではいつも「結子ちゃん」が笑っている。

05年、彼女は結婚した。いわゆる「さずかり婚」である。同年、男児をもうけている。強い危惧を覚えた。パートナーは映画の共演相手で、夫役、しかも遊び人として知られる歌舞伎役者だ。共演相手との熱愛は、俗に〝雪山の恋〟とも称される。山を下りたら、醒《さ》めてしまう。それで破局した俳優カップルが、何組も想起される。

案の定、08年、相手方の不倫発覚を契機に離婚した。その後、再婚するまでの11年間、女手一つで子供を育てた。いわゆるシングルマザーだ。しかし、その苦労を何らひけらかすことなく、女優業をまっとうし、母としての役割を果たした。

男児を産む最初の結婚。そのきっかけとなった映画のＤＶＤを見返していて、私は最後まで見ることができなかった。

『いま、会いにゆきます』(04年)。……一人息子を残して亡くなった妻が、幽霊になって帰ってくるという物語だ。なんということだろう……。

もちろん、映画の役割と本人とは違う。わかっている。しかし……。

今一本の竹内結子の代表作『黄泉がえり』(03年)。……そこでも彼女は、死から甦るヒロインを演じていたのだから。

喪失の年

衝撃的なその死が、生前の作品の意味を変えてしまう――といえば、三島由紀夫である。

ちょうどその年は、三島の没後50年だった。１９７０年11月25日、その日付は昭和史にくっきりと刻み込まれている。三島由紀夫は割腹自殺を遂げた。同じ日付を末尾に記して、遺作を完結させた。

そう、『豊饒の海《ほうじょう》』である。5年の歳月を要した文豪ミシマのライフワークだ。選ばれた美しい魂が輪廻《りんね》転生を繰り返す、絢爛たる4部作である。第1部『春の雪』は、その15年前に映画化されていた。

05年秋、新宿コマ劇場の地下にあった映画館で、私はこの作品を見ている。ヒロインのアップが銀幕に映し出された時の驚き、その息を呑むような輝き！　映画女優・竹内結子のもっとも美しい瞬間を見た、と興奮した。

主人公の松枝清顕《まつがえきよあき》（妻夫木聡《つまぶきさとし》）は若くして死ぬ。その魂は時代を超え、転生を繰り返す。華族令嬢・綾倉聡子《あやくらさとこ》（竹内結子）は悲恋に破れ、出家して尼寺へとこもる。そうして60年後、4部作の最終刊『天人五衰』のラストで、再び、現れるのだ。80代半ばとなって。

私は夢想した。映画『春の雪』の60年後、すなわち２０６５年、『天人五衰』が映画公開されて、85歳となった竹内結子が綾倉聡子として再び現れ、この物語を完結させてほしい、と。残念ながら、その時、私はもうこの世にはいないだろうけれど……。

２０１１年、東日本大震災があった。その年の秋のことだ。私は東京・港区の西麻布の路上を歩いていた。夕刻である。

「中森さ——ん！」

ハッとした。車道を走る自動車の後部座席、窓が開いて、身を乗り出すようにして女性が手を振っている。

「竹内で——す！」

なんと……竹内結子だった。慌てて追いかけたものの、車は走り去る。あのとびきりの笑顔と共に。

それにしても……よく、私なんかに気づいてくれた。10年前の言葉を思い出す。

「忘れるわけないじゃないですか！」

ああ、あれは社交辞令ではなかった。喜びで身が震える。まぎれもなく我が人生で、もっとも輝かしい瞬間だ。あの全開の笑顔が、今でもずっと目に焼きついている。

２０２０年は大変な年だった。
コロナ禍で世界が一変した。
大激戦のアメリカ大統領選挙があった。
我が国でもおよそ8年ぶりに首相が代わっている。
東京五輪は延期になった。
いや、それでも……。
私にとって、かけがえのない美しい女優が喪《うしな》われた年として記憶される。
竹内結子さん、さようなら。

☆アイドルの未来

バーチャルアイドルという言葉が世に広がったのは、1990年代のことだった。バーチャル＝仮想のアイドル、つまりこの世には実在しないアイドルである。コンピューターグラフィックスで外見が創造されたり、音声が機械的に合成されたりする。

96年、センセーショナルに登場したのが、伊達杏子《だてきようこ》だ。大手芸能プロダクション・ホリプロに「所属する」として大々的な記者発表が行われた。3DCGを駆使して数千万円もの初期投資が費やされたという。数多くのメディアに取り上げられ、CDデビューを果たしたが、結果はパッとしなかった。

「気持ち悪い」「かわいくない」「人間味が感じられない」等、アイドルファンたちに大不評だったのだ。その後、バージョンアップして、2代目、3代目のDK（伊達杏子）を世に送ったが、不発に終わった感がある。

同じ96年に歌手デビューしたもう一人のバーチャルアイドルが、藤崎詩織だ。コナミのコンピューターゲーム『ときめきメモリアル』のキャラクターだった。ゲームのキャラが実在のアイドルのようにデビューして、コンサートが開かれ、ファンたちの熱いコールが飛び交う。大成功を収めた。伊達杏子の不発とはあまりにも対照的だ。

両者の明暗を分けたものとは何だろう？　『ときめきメモリアル』は恋愛シミュレーションゲームとして人気を得ていた。ヒロイン・藤崎詩織はゲーマーたちにとって親しい存在であり、彼女のバックグラウンドが共有されてもいたのだ。他方、突然、現れた伊達杏子には、そうした「物語」が欠落していた。

外観的にも、藤崎詩織はアニメ絵のいわゆる萌えキャラだった。他方、３ＤＣＧでリアルを追求した伊達杏子は、愛らしさに欠け、かえって気味悪がられたものである。

藤崎の声は、声優が務めた。声優がアイドル的な人気を得ている背景があって、後にゲームやアニメ内で担当したキャラとしてアイドル活動を展開するに至る。アイドルを主題とした人気ゲームに端を発する『アイドルマスター』や、メディアミックス作品『ラブライブ！』等がその代表作だ。ことに後者の物語内アイドルユニット・μ's（ミューズ）のキャラを演じた声優たちのアイドルグループは大ブレークして、2015年のNHK紅白歌合戦への出演を果たしている。

声優がキャラを演じたり、あるいはアニメや漫画作品を生身の俳優が演劇やミュージカル化したりする、いわゆる〝2・5次元〟モノという感覚が、リアルアイドルとバーチャルアイドルの中間項として定着するに至った。

アニメキャラがバーチャルであるとしても、声という一点で、つまり声優という生身の存在とつながっていた。それを突破したのが、初音《はつね》ミクである。07年登場のバーチャルシンガーだ。いわゆる音声合成ソフト、ヤマハが開発したボーカロイドによって誰もが楽曲を創造・発表できる。ボカロPと呼ばれる新たなクリエイターたちが、バーチャルアイドル・初音ミクを操作して数多くのヒット曲を世に送った。音楽シーンにとっても画期となる。米津玄師《よねづけんし》等、ボカロ出身のアーティストらを輩出した。

2010年代後半になるとバーチャルYouTuber、略してVTuberが台頭する。キズナアイがその扉を開いた。キズナアイはCGのアニメキャラだが、YouTubeをその活動舞台とした。スマホの普及、SNSの広がりが大量のVTuber

を生んだ。誰もがバーチャルアイドルになれる（操作できる）という意味で、初音ミクの遺伝子を色濃く継承したものと言えるだろう。

さて、平成になった90年代からのバーチャルアイドルの歴史を駆け足で振り返ってみた。大手芸能事務所が巨額を投資して登場した特権的存在（伊達杏子）から、誰でも操作できるボカロ（初音ミク）、ＶＴｕｂｅｒへ。奇しくもその流れは、敗戦後の焼け跡に現れた特権的才能（美空ひばり）から誰でもアイドルになれる（おニャン子クラブ）時代へ……戦後昭和の芸能界の歴史を高速度で反復しているかのようで、興味深い。

ところで伊達杏子や藤崎詩織より前、平成の最初期に先駆的なバーチャルアイドルが存在したことを追記しておきたい。そう、芳賀《はが》ゆいである。１９８９年（平成元年）11月、ニッポン放送のラジオ番組『伊集院光のオールナイトニッポン』の企画で誕生した。

パーソナリティーの伊集院光の呼び掛けで、リスナーらが投稿して架空のアイドルを作り上げる。芸名は「歯がゆい」に由来した。お遊び企画から、その後、ＣＤデビュー、ビデオや写真集の発売、握手会まで実現している。

「顔を出さない」数十人の影武者たちが〝芳賀ゆい〟を演じた。コンピューターグラフィックス等の高度なテクノロジーは皆無、ラジオのリスナーたちの集合知と、匿名（顔なし）女子らの協働により、１人の架空のアイドル〝芳賀ゆい〟を作り上げること。つまりアイドルとは〝共同幻想〟なのだ、ということを実践して証明してみせた。後のバーチャルアイドルの歴史はその帰結にすぎない。

ＣｈａｔＧＰＴの技術が話題を呼ぶ現在、すでに生成ＡＩが創造したバーチャルアイドルが青年誌のグラビアページに登場して、物議をかもした。アイドルからＡＩドル、、、へ。やがて人間のアイドルは姿を消して、未来には、ＡＩがすべてのアイドルの役割を担う日が来るのかもしれない。

第八章　２０１０年代のアイドル復活

秋元康が新たに仕掛ける

「ぜひ、見てほしいものがある」

秋元康氏から、そんな知らせがあった。人を介しての依頼である。２００５年末のことだった。

秋葉原へ足を運んだ。ビルの上層階の小さな劇場である。満杯の客席には、見知った顔も多い。業界人向けのお披露目イベントである。

音楽が鳴って、女の子たちがステージに飛び出してきた。女子校の制服のような衣装を着た少女たちが、唄い、踊る。20人ほどはいるだろうか？ 歌も、ダンスも、未熟だった。容姿もパッとしない。みんなガッチガチに緊張していて、必死さだけがひりひりと伝わってくる。

それでも、見ている内に「おっ」と思う瞬間があった。この娘《こ》はいいな、あの娘も気になる——と視線を奪われる。若さの熱気にあてられ、瞳の輝きに心を動かされた。いつしか夢中で見ている自分に気づいたのだ。

数曲を唄い終え、メンバー紹介があった。プレスリリースが渡され、スタッフサイドから概要の説明がある。それで終了だ。

久々に会った秋元康氏に声をかけた。

「とても楽しめました、がんばってください！」

「ありがとう」

笑顔で握手を交わした。

当時は、何度目かの〝アイドル冬の時代〟と呼ばれた時期である。モーニング娘。が『LOVEマシーン』で大ヒットを飛ばしたのは1999年のことで、その後、人気は退潮している。SMAPなどジャニーズ系の男性アイドルは好調だったが、女性アイドルの姿をテレビで見かけることはめっきりなくなっていた。

こういう時期に秋元康が新たなアイドルを仕掛けるという。どういうことだろう？　私は首をひねった。

「中森さん！」と声をかけられる。同世代のアイドル系ライター、O氏だ。「ちょっと話そうか?」と近場のカフェにご一緒した。

O氏が編集長を務めるミニコミ雑誌を初めて見た時の驚きを、どう伝えたらいいだろう？　ページを開くと細かな文字でびっしりと女の子の名前が並んでいる。全国各地のミュージックスクールの発表会に出かけていった記録だ。そこで見たアイドル志望の少女たち、何百人もの採点リストなのだ!!　これには仰天した。

まだデビュー前、アマチュア時代の幼い後藤真希や小柳ゆきの写真が載っていたりする。さらには椎名林檎《しいなりんご》が椎名林檎になる前、16歳時の本名でのイラスト入りエッセイが連載されてもいた!!　すごい。異様な熱度のアイドルマニア、O氏は超おたくなのだ。

「秋元さんがアイドルの世界に帰ってきたのはうれしいけれど、いったい、どうするつもりなんだろうね？　こういう時期だし、すぐに火はつかないでしょ。テレビを中心に活動しない。毎日ライブをやるっていうけど、相当な資金を食うと思う。大丈夫かな？　いつまで保《も》つか……」

そんな疑念を口にした。O氏は神妙な表情をしている。やがて、ぽつりと呟いた。

「……いい顔になる」

えっ？　何を言っているのだろう。さっぱり意味がわからない。

「あの娘《こ》たち、みんなどんどんいい顔になるよ！」

きっぱりとそう言ってのけると、Ｏ氏は満面の笑みを浮かべた。唖然とする。

翌日、彼は劇場へと駆けつけ、件のアイドルグループの正式デビューに立ち会った。観客は、たった７人だったという。

２００５年12月８日のこと。ＡＫＢ48の初ライブである。

Ｏ氏のような本物のアイドルおたくと、所詮はアイドル評論家の私との相違があらわになった一幕であった。

〝アイドル戦国時代〟の到来

21世紀最初の10年、いわゆるゼロ年代に女性アイドルはパッとしなかった。それでも07年４月、私は初の評論集『アイドルにっぽん』を上梓している。反応は冷ややかなものだった。「アイドル評論？　ぷっ、何それ（笑）」といった調子だ。しかし、この本は一部の若い層にひときわの熱度をもって読まれた。

『アイドルにっぽん』の終章に、私はＰｅｒｆｕｍｅの『コンピューターシティ』をＢＧ

Mとして記した。当時、仕事場でPerfumeの楽曲をガンガンに流していたのだ。

ある日、若い女性アーティストらの個展に招かれた。恵比寿のギャラリーだ。小さなスペースに女の子たちの写真やイラストやオブジェが展示されている。私は持参したCDを流してもらった。テクノ音が鳴り響いて、ボコーダーで変換された少女アイドルの歌声が聴こえる。みんな、ぽかんとしていた。

「あっ、Perfumeだ！　わたし、大好きっ!!」

たった一人だけ、反応した女子がいる。東京藝術大学を出たばかりだという彼女は、パッと瞳を輝かせ、Perfumeの『チョコレイト・ディスコ』に乗って踊っていた。

もふくちゃん、こと福嶋麻衣子さんだ。そう、後に秋葉原の〝萌え社長〟として名を馳《は》せ、でんぱ組.incのプロデューサーとなる。

08年1月、10歳下のライターの強い誘いでSHIBUYA-AXホールへ行った。AKB48の第1回リクエストアワー公演である。異様な盛り上がりだった。デビューから2年、こんなにもファンを獲得していたのか!?　率直な驚きだった。

Perfume、AKB48、そして、ももいろクローバー（Z）が続く。ゼロ年代後半の胎動を経て、一気にアイドルが息を吹き返した。2010年になる頃には〝アイドル戦国時代〟とも称される。女子アイドルグループが次々と名乗りを上げ、何しろ数が多い。大手芸能プロダクションに所属しない、いわゆる地下アイドル、インディーズアイドル、さらには全国各地で独自の活動を展開する地元アイドル、ご当地アイドルらが大量に輩出した。一説にその数、1万人以上（！）とも言われる。日本のアイドル史上、空前の事態、熱い盛り上がりともなった。

最大公約数から最小公倍数へ

これにはメディア環境の大きな変化が背景にある。かつてアイドルはテレビがメインステージだった。テレビに出ないとアイドルとして認められない。テレビから姿を消して〝アイドル冬の時代〟となった。

しかし、新たな時代のアイドルブームは、テレビがメインステージではない。ライブ＋インターネットだ。AKB48は〈会いに行けるアイドル〉をキャッチフレーズとした。秋葉原の専用劇場で毎日ライブがある。握手会には何万人ものファンが押し寄せた。アイドルに関する情報やファンの声が大量にインターネットで発信される。テレビの影響力は低下した。スマホの普及がそれに追い討ちをかける。もはやテレビを持たない若い世代が現れ、スマホ一つですべて事足りるとした。

テレビのキー局はすべて東京にある。大手芸能プロダクションも同様だ。つまり、かつてアイドルになろうとすれば、東京在住が必須条件――上京するしかなかった。今は違う。地元でライブをやって、地元から発信できる。インターネットの普及によって、全国各地がアイドルの活動できる場になったのだ。

たとえば地方に住む、芸能プロダクションに所属しない1人の少女がいるとしよう。路上でライブをやって、スマホで動画を撮り、ＹｏｕＴｕｂｅにアップする。なんと、たった一人でアイドル活動が展開できるのだ。いつでも、どこでも、誰でもアイドルになれる。24時間、世界中に発信できる。これは大変なことだ。アイドルをめぐるメディア環境は、一変してしまった。

２００９年春、一時復刊した「朝日ジャーナル」誌上で秋元康氏と対談した。久々に再会した秋元氏にＡＫＢ48をプロデュースした真意を訊いたのだ。

「最大公約数ではなく最小公倍数の時代になったから」と氏は答えた。なるほど最大公約数（テレビ）のおニャン子クラブから、最小公倍数（劇場）のＡＫＢ48へ――といったわけだろう。ＡＫＢ48はどれだけメジャーになっても、秋葉原の地元アイドルなのだ。ＳＫＥ（栄）、ＮＭＢ（難波《なんば》）、ＨＫＴ（博多）、ＮＧＴ（新潟）、ＳＴＵ（瀬戸内）と全国各地に支店グループを増殖させ、さらにはＪＫＴ（ジャカルタ）、ＳＮＨ（上海《シャンハイ》）、ＴＰＥ（台北）とアジア諸国にも進出している。乃木坂46以下、欅坂（→櫻坂《さくらざか》）、日向坂《ひなたざか》と〝坂道系〟と呼ばれるＡＫＢの公式ライバルグループを次々とデビューさせ、ブレークさせた。小さな劇場から出発したアイドルの種を、歳月を費やして咲き開かせ、やがて幾何級数的に倍加させる。最小公倍数の時代をみごとに先取りしてみせたのだ。それにしても、その圧倒的な仕事量！　秋元氏のアイドルに懸ける情熱と徹底ぶりはすさまじい。

『ＡＫＢ48白熱論争』

２０１１年夏のことだった。３月に起きた東日本大震災の余波がまだ色濃い。銀座の喫茶ルノアールの個室へと赴いた。若い批評家の宇野常寛《つねひろ》に招かれたのだ。宇野の編集する雑誌「PLANETS」の座談会である。

遅れて現れたのは、漫画家の小林よしのりだ。小林とは初対面である。座談会のテーマは、AKB48。

「中森さん、よしりん（小林の愛称）がAKBにめちゃめちゃハマッてるらしいっすよ。一緒に座談会、やりませんか？」

親交のある宇野からの依頼だった。意外である。小林よしのりといえば、かつて『東大一直線』『おぼっちゃまくん』等のギャグ漫画で一世を風靡《ふうび》し、90年代以後は『ゴーマニズム宣言』で政治や社会問題に鋭く斬り込んだ。後には『朝まで生テレビ！』で吼《ほ》える硬派な論客に転じた印象がある。それがAKBとは……。

半信半疑で初対面したというのが、正直な気持ちである。ところが……。

「いやー、感動しましたね。わしは本当に驚いた。最初から最後までずっと驚きっぱなしでしたね」

小林はまくしたてた。AKB48選抜総選挙イベントへ直接、足を運んでみた感想である。

あっ、これは本気だな……とすぐにわかった。時に目を潤ませながら熱くその感動を力説する姿に、圧倒された。

〈AKB48こそ神である！　――システムと身体性の間で〉と題する座談会は、けっこうな反響を呼んだ。アイドルを起点に国家や社会、グローバリズム、震災後の日本にまで話題は及ぶ。著名な言論人による初のAKB48をめぐる本格的討論だった。

翌12年3月、グループでナンバーワン人気の前田敦子が突如、AKB48を卒業することを発表。これをNHK『ニュース7』や「朝日新聞」の一面が報じた。アイドルが社会的事件となったのだ。

AKB48が一気に大ブレークして、アイドルの世界が急速に活気づいた。アイドル評論家としての私も多忙になる。

6月には宇野常寛と共に日本武道館でAKB48の選抜総選挙イベントを見た。異様な熱気だった。大島優子がトップの座に返り咲いている。直後に、小林よしのりと宇野、さらに若い批評家の濱野智史《はまのさとし》の4人で選抜総選挙を総括する座談会を開いた。話は弾み、その勢いで『AKB48白熱論争』（幻冬舎新書、2012年）と題する四者の座談本を出版したのだ。東京ドームで開かれた前田敦子の卒業コンサートに合わせて。これは大きな反響があった。

なんとテレビCMへの出演依頼が届いたのである。『AKB48白熱論争』の四者が集い、『朝まで生テレビ！』方式で討論する。テーマは〈前田敦子とは何だったのか？〉。司会は、田原《たはら》総一朗！　マジか!?　と思った。

テレビCMへの出演は、人生初である。それまで依頼がなかったわけではない。気が進まず、断っていた。若き日に一瞬の脚光を浴び、テレビに出まくった。それで懲りたのである。テレビに出ても、あまりいい思いはしない。これは自分が出るしかない、と判断した仕事に限って引き受けた。

小林よしのりは漫画家で、宇野や濱野はこれまでアイドルに興味はなかったという。アイドルに関する仕事を続けてきたのは、自分だけだ。出るべきだろう、と思った。アイドルの魅力を思いっきり語って、アイドルの世界が活気づけばいい。52歳になっていた。今さら人にどう思われようが、笑われようが、構わない。

都内のスタジオに書斎のようなセットが組まれ、論客たちが卓を囲む。田原総一朗がいかめしい表情で「さて、ＡＫＢ48にとって前田敦子とは何だったか？」と司会を進行する。なんと台本がないのだ!?　ガチの生討論である。収録時間は60分。喋った、喋った。アイドルについて猛烈に喋りまくった。

収録時間が過ぎて、モニターをチェックしたＣＭディレクターが「もうワンテイク、撮りたい」と言う。「冗談じゃない！」と田原総一朗が一喝した。「60分って約束だったじゃないか。約束を守りなさいよ！」。その場がシンとする。気圧されたスタッフが、撮影終了を告げた。すごい。田原の猛烈なド迫力に感じ入ったものだ。

このＣＭの私の出演料は、50万円である。人生で最短時間の高額収入となった。田原さんの一喝のおかげだろう。

〝時給50万円〟――である。

アイドルを評論するということ

件のＣＭは大量スポットで流された。久々にテレビに顔が出て「えっ、中森明夫？　懐かしいな」とか「なんだ、まだ生きてたのかよｗｗ」とかＳＮＳで嘲笑された。翌年のＡ

KB48選抜総選挙の直前には、フジテレビで長時間の討論番組が組まれている。私が司会を務めた。

評論家というのは、どのジャンルでも批判にさらされがちだ。アイドルも同様である。アイドルのファンに批評は必要ない、とも言われた。そのつど私はこう応えている。批評家とは、ファンに向けて語るものではない。社会に向けて発信するものだ、と。

たとえば映画というジャンルは斜陽化以降も、批評家の数が多い。映画賞や映画祭もまたある。それによって権威が確立され、社会を啓蒙《けいもう》し、ジャンルを擁護しているのだ。対する漫画はどうだろう？　産業としては大きいけれど、漫画批評の歴史は浅く、批評家の数も限られている。これは、どういうことか？　ジャンルの危機になれば、わかる。

かつて東京都が漫画表現の規制を強化した。政治家は法律を作るのが仕事である。一部の漫画家たちが反発してこれに抵抗した。しかし、批評（家）の層が薄く、社会的啓蒙を怠ったジャンルが狙い撃ちされたら、ひとたまりもない。これは漫画に限らない。アイドルの世界はもっと脆弱《ぜいじゃく》だろう。

２０１４年５月、岩手県で行われたＡＫＢ48の握手会で事件は起きた。刃物を持った男が2人のメンバーを傷つけたのだ。マスコミは大々的に報じた。中には、アイドルというジャンルそのものに問題があるかのような論調も見受けられた。即座に私は全国紙の依頼に応じて寄稿し、声明を発表する。

〈冷静な対応で　アイドル守れ〉の見出しだった。その末尾を引いておきたい。

……マスヒステリーの糾弾に煽《あお》られてはいけない。

我が国のアイドルの歴史は40年あまりと浅く、こうした事件が起こった時、脆弱なジャンルは強風、偏見にさらされます。この試練に耐えなければならない――アイドルサイドの人間として強くそう思う。

ＡＫＢ48のみならず、他のアイドルやファン、関係者――すべてのアイドルを愛する者たちは今、試されています。その上で、私はこう呼びかけたい。

アイドルを守れ！

（「毎日新聞」２０１４年5月27日付）

２０１８年12月には、新潟県のアイドルグループＮＧＴ48のメンバーが、自宅に押しかけられた男性2名に暴行を受けた。私はこのメンバーを擁護し、アイドルグループの運営サイドを批判する文章を新潟の地方紙と全国紙に発表した。件のメンバーから私のツイッター・アカウントにDM（ダイレクトメッセージ）が届く。私の文章を読んで「涙が出ました」とあった。「中森さんにもまた違う形で見つけて頂きたかったです」とも。

その一節を目にして、身が震えた。私もまた、涙を抑えることができなかった。

岡田有希子《ゆきこ》の自死

ＡＫＢ48は国民的アイドルグループと呼ばれるまでになった。影響力が増大して、それに伴い、さまざまな批判にもさらされる。握手会の入場券や選抜総選挙の投票券めあてに同じＣＤをファンに大量に売ることが、ＡＫＢ商法とも呼ばれた。さらには恋愛禁止の（暗黙の？）ルールをめぐってトラブルが頻出する。そのピークが、メンバーの丸刈り事件だろう。

２０１３年1月、人気メンバーの一人が「週刊文春」に男性との〝お泊まり〟を報じられた。いわゆる、文春砲である。恋愛禁止の掟《おきて》を破ったとして、彼女は自ら黒髪にハサミを入れ、丸坊主となる。涙ながらに謝罪する姿をＹｏｕＴｕｂｅで発表したのだ。

これは大変な騒ぎとなった。芸能マスコミやＳＮＳのみならず、海外メディアが大きく報じてもいる。「日本のアイドルに人権はないのか？」「恋愛禁止のルールはあまりにも野蛮だ！」等、集中砲火の猛バッシングとなった。

宇野常寛の呼び掛けで、先の『ＡＫＢ48白熱論争』の４人は緊急集合してこの件を討論する。インターネット番組で、ニコニコ生放送なる視聴者の意見が次々とリアルタイムでモニター上に流れる方式のものだった。放送開始直後から非難の嵐となった。アイドルグループの運営やプロデューサー、さらには私たちに対しても口汚い言葉の数々が浴びせられ、大量に画面に流れ続ける。

その一つが目に留まった。

〈こんなことじゃ、また岡田有希子のようなことが起こるぞ！〉

ハッとした。

岡田有希子は、１９８０年代の人気アイドルである。86年4月8日、亡くなった。所属事務所のある7階建てビルの屋上から飛び降りたのだ。18歳だった。

前年の秋、私はテレビ局で彼女に会った。マネージャーに紹介され、挨拶を交わしたのである。笑うとエクボができる、はにかんだ笑顔が印象的な美少女だった。それから彼女は半年も生きなかった。

岡田有希子の自死は大事件になった。その春、数多くの少年や少女が後を追うようにして命を絶っている。私自身も大きな衝撃を受けた。先輩のライターが「こんなことがあって、俺、もうアイドルについて書けないよ」と泣いた姿を見ている。彼も含めて、あの頃、大勢いたアイドル系ライターたちは、その後、次々と出版界から去っていった。

それでも私は、アイドルについて書き続けた。そのことを誇ろうとは思わない。ライターとして「生き残った」というより、なんだか「逃げ遅れた」感じだ。いつしか「アイドル評論家」と呼ばれるようになっていた。

「岡田有希子に、僕は会ったことがある！」

思わず、そう口走っていた。ニコニコ生放送のライブ討論である。〈また岡田有希子のようなことが起こるぞ！〉の書き込みを見て、とっさに発言していたのだ。どうしても我慢できなかった。

「あの時のことを思えば、今回の事件なんてたいしたことじゃない」

私の言葉に、さらなる非難の集中砲火が浴びせられた。だが、ひるまない。だって、そうだろう。髪の毛は、また伸びる。しかし、岡田有希子は、もう二度と帰ってこないのだから……。

私にできることなんて、ほんのわずかだ。ただ、毎年、4月8日のお昼には、必ず四谷四丁目交差点へと足を運ぶ。岡田有希子が亡くなった場所だ。あれから37年もたつのに、その日、大勢の人々がそこに集まる。12時15分、円陣を組んでみんなで黙禱《もくとう》する。その輪の中に私もいる。

目を閉じて、手を合わせる。

岡田有希子さんの魂が安らかでありますように。彼女の愛したアイドルの世界がよりよいものでありますように。

毎年、祈り続けている。

アイドルのプラス面だけではなく、マイナス面をも引き受けること。アイドルの危機に際して言葉を発すること。そのことが頭にあった。まったく微力ではあったけれど。

いや、つらい悲しい話ばかりではない。心楽しいこともあったのだ。アイドルをめぐって、あの2010年代には——。

人生を変えた『あまちゃん』

そう、『あまちゃん』である。2013年4月に始まったNHKの朝ドラだ。岩手県三陸地方を舞台に、海女《あま》になろうとする少女の物語である。母親役の小泉今日子、祖母役の宮本信子《のぶこ》など多彩なキャスティング、宮藤官九郎《くどうかんくろう》の小ネタ満載の脚本、大友良英《おおともよしひで》の心弾むオープニング曲、「じぇじぇじぇ」という言葉が流行語大賞にも輝いた。社会現象のような大ブームになったのである。

私も毎朝、夢中で見ていた。ヒロインの能年玲奈に魅せられたのだ。放送開始後、すぐに彼女を取材した。間近で見た19歳の能年は、あまりにもまぶしかった！　ついには『午前32時の能年玲奈』（河出書房新社、2013年）と題する著書を上梓するに至る。

『あまちゃん』はアイドルドラマでもあった。能年と橋本愛は地元アイドルユニット・潮騒のメモリーズを結成する。小泉今日子と薬師丸ひろ子の80年代アイドルの初共演も話題になった。GMT47というアイドルグループも登場する。ドラマ内アイドルが唄う劇中曲が実際にリリースされ、ヒットした。年末の紅白歌合戦では出演者らがステージを占拠、大いに盛り上がったものだ。

当時はAKB48の全盛期でアイドル評論家の私も大忙し。「AKB48のライバルは『あまちゃん』だ！」と論じた。

なぜ、NHK朝ドラがアイドルドラマになりえたのか？ それはアイドルというジャンルが歴史の厚みを持ったからだろう。70年代、80年代のアイドル文化を享受した世代が40～50代に達して、社会の中核層ともなる。毎朝、NHKドラマを見る年齢になった。

そこでは能年玲奈と橋本愛の現代のアイドルたちと、小泉今日子と薬師丸ひろ子の80年代のアイドルらが交錯する。時代を超えたアイドル劇がなんとも面白い。

アイドルが若い世代にとって新鮮な朝と見えても、中年世代には、夜を超えた懐かしい輝きとして感じられる。同じ時刻が、朝と超・夜の二重性を帯びる。そう、午前8時は32

時なのだ！　『あまちゃん』の能年玲奈は、朝と超・夜の二重の輝きによって祝福されている。これが『午前32時の能年玲奈』の主題であった。

『あまちゃん』は、私の人生を変えた。毎朝、リアルタイムで放送を見て、連日ツイッタ―で発信する。まとめサイトで85万人に読まれた。

岩手を訪ね、『あまちゃん』ファンの方々の宴会イベントに参加、そこには達増拓也《たつそたくや》岩手県知事もいた！　さらにはホリーニョ氏の主宰する〝関西あまちゃんオフ会〟の皆さんとも交流、盛岡市でにぎやかなファンイベントが開かれた。岩手は私の〝推し地元〟となり、『あまちゃん』を介して生涯の友らとも出逢ったのだ。

能年玲奈は「のん」と改名した。所属事務所からの独立問題の余波だともいう。（NHKを除く）キー局のテレビから姿を消した。あまりにも理不尽だ。

しかし、彼女は屈しない。決して泣きごとは言わない。配信ドラマや映画のみならず、舞台女優としての超絶演技を見て、その表現力に圧倒された。アニメ映画『この世界の片隅に』の主演声優を務め、絶賛される。バンド活動やアート作品の制作にと活躍の場を広げ、映画『Ｒｉｂｂｏｎ』では監督も務めた。日本アカデミー賞の優秀主演女優賞（『さかなのこ』）のステージでは、並み居るスターらを圧して、ひときわ美しかった！

彼女は２０２３年、30歳になる。10年前、まだ少女だった頃の能年玲奈に会った。その後、「のん」と改名して以後もインタビュー等で何度か顔を合わせている。そのつど私は緊張する。他のどんなアイドルや芸能人にも感じないものだ。

目の前に特別な魂が存在する。はっきりとそう感じる。ああ、能年玲奈＝のんに出会えて幸福だった。１作でも多く彼女の新作を見たい。そのため、できるだけ長生きしたい。10年後、いったいどんなすごい表現者になっているだろう？　なんとか生き延びて、見届けたい。心からそう思っている。

コロナ禍とアイドル

２０１０年代が終わった。30年余り続いた平成という時代も幕を閉じる。

気がつけば、還暦になっていた。ちょっと信じられない。

一度も結婚しなかった。妻も子供もいない。同棲《どうせい》したこともない。ずっと一人暮らしだ。

20歳そこそこでライター生活を始めて、それから40年以上もアイドルについて書き続けた。そうして今では、いわゆる〝おひとりさまシニア〟だ。ああ、自分の人生って、いったい何だったんだろう？

そんな感慨に耽《ふけ》る間もなく、突如、危機が訪れた。新型コロナウイルスの蔓延、そう、世界的パンデミックである。

２０２０年、緊急事態宣言が発せられた。不要不急の外出禁止、街から人の姿は消えて、誰もが家に閉じこもった。日常生活が失われ、世界の光景が一変してしまったのだ。

一人暮らしの身にこの事態は、とてもこたえた。私も、もう歳である。あちこちガタがきている。コロナに感染したら、大変だ。相当に危うい。この時期、同世代の知人の文筆家たちが次々と亡くなった。次は自分の番ではないか？　本当に死が身近なものとして感じられ、恐れた。

私は人一倍の寂しがり屋である。誰かと会って話したり、酒場でわいわいやったりするのが大好きだ。それがまったく叶《かな》わなくなった。気がつけば、何日も、何十日も誰とも話していない。ずっと一人きりだ。どこか、おかしくなりそう。深刻な精神的危機を迎えた。

「それ、ボク、映画にしたいです！」

目の前の青年が言った。若き映画クリエイターである。私の語った、小説の構想に反応したのだ。ある夏の日、2人の少女が家出する。ストリート漫才をやりながら、旅を続け、お笑いの聖地・なんばグランド花月をめざす。漫才少女版『スタンド・バイ・ミー』のような物語。それに共産主義思想がからむ……。

映画化するなら、ヒロインの少女たちを探そう。彼女らを現実にお笑い系アイドルとしてデビューさせる。お笑い界に女の子の革命を起こすのだ！　熱い語り合いの末に、素晴らしい企画書を書いてくれた。大手エンターテインメント産業の偉い人と面談して、売り込み、色よい返事をもらった。実現に向けて動き出したのだ。ところが……。

コロナ禍に直面して、頓挫。悔しい。漫才アイドルをめぐる映画の夢は、遠ざかる。いつかきっと実現したい、という想いを残して。

そうだ。アイドルの物語を書こう、と気づいた。コロナ禍であっても、小説なら書ける。

映画のように予算もかからない。大勢のスタッフもいらない。家で、たった一人で書ける。構想して、ずっと書けなかった物語を、私は執筆し始めた。

1983年に亡くなった寺山修司が、今も生きていて、80代半ばで、アイドルグループをプロデュースする。その名も『TRY48』という小説だ。破天荒な物語だが、何よりも、自分を励ますために書いた。

『家出のすすめ』『書を捨てよ、町へ出よう』等、寺山のエッセイ集は、少年時代の私を元気づけてくれた。その寺山にアイドルという自分にとってもっとも大切なものをぶつけることによって、予想外の化学変化が起きる。心躍る冒険が始まる。夢中になって私は書き続けた。

1年間をかけて第1稿を完成させた。文芸誌「新潮」での連載を経て、2023年2月に刊行する。コロナ禍の長い期間を、この小説を書くことで私は乗り切った。アイドルの夢を物語として紡ぐことで、なんとか生き延びた。そう、アイドルによって救われたのだ。

新型コロナウイルス感染症は5類に移行した。人々はマスクを外す。やっとコロナ禍が明けた。3年5か月ほども続いたこの異常事態は、太平洋戦争の3年8か月にも匹敵する。なんだか戦争が終わったかのようだ。

この間、日常生活が失われた。さまざまな行事やお祭り、イベント、ライブ公演等が中止に追い込まれている。

アイドルの世界も多大な被害を受けた。2010年代のアイドルブームは、テレビではなく、ライブ活動によって興隆したものだ。さらには握手会や2ショット撮影会等、ファンとの交流によって稼ぐ〝接触系〟と呼ばれるアイドルたちは、壊滅的な打撃を受けた。なんということだろう。復活したアイドル文化を支える「生身の接触」を、よりによって新型コロナウイルスは阻んだのだから。

それでもアイドルは生き延びる。コロナ禍に、インターネットが大きなサポートをした。オンラインでのサイン会やトークイベント等に課金して、ファンがアイドルを支えている。テレビに依存するモデルから脱却して、そのスタイルは一変した。今でもスマホで検索すれば、毎日のように全国各地のアイドルたちの活動が更新されている。

かつてのような〝アイドル冬の時代〟は、もう訪れないだろう。コロナ禍明けの今、新たなシーンの胎動が聞こえる。次なる時代のアイドル誕生の息吹きに期待したい。

おそらく私は、たった一人で死んでゆくだろう。私の遺伝子は途絶える。仕方がない。自らの選択の結果だ。私のような生を送った者に下される報復のようだ。いや、それでも……。

満更、悪い人生じゃなかったじゃないか。だって、そうだろう。この惑星に生まれ、ほんの数十年の旅をして、美しいものに出会えた。

そう、アイドルに。

人は死ぬ寸前に、その一生を走馬灯のように見るという。その瞬間《とき》、どれほど数多くのアイドルたちが、目の前を通り過ぎてゆくだろう。微笑みながら、駆け抜けてゆく。

その輝きを、私は抱き締める。

こんな幸福な最期も、ないんじゃないかな。

第九章　あいみょんと「下降する時代」

夜明け前の牛丼屋で

2022年の暮れのことである。コロナ禍も3年を過ぎた。やや落ち着きを取り戻している。ひと頃は中止していた近所の牛丼屋の終夜営業が、やっと再開した。これは助かる。

夜中にずっと執筆をしたり、本を読んだりして、午前4時過ぎにふらりと出かけ、近所の店で牛丼を食べる。これが、ささやかな私の楽しみだった。

その日も夜明け前のその店で、湯気のたった牛丼に紅しょうがをまぶし、七味とうがらしをたっぷり振りかけ、ほくほくと食す。う〜ん、たまらん。

……と、その時だ。ふいに耳に飛び込んできた。

〽嫌になったの〜?

若い女性の歌声だった。沁《し》みるような声音である。店内放送だ。牛丼を食べる箸がハタと止まる。なんとも言えない気持ちに襲われた。

にぎやかで騒がしい近頃のJポップじゃない。ゆるやかなテンポで、マイナー調の旋律で、どこか切なく、なんだか懐かしい。

嫌になったの？　飽きてしまったの？　うざったくなったの？　と歌の主人公の女の子は、たたみかけるように訴える。どうやら相手は恋人の男性で、同棲しているらしい。2人は倦怠期《けんたいき》を迎えている。そんな生活のディテールが細々《こまごま》と唄われる。

彼女の無駄な早起きや寝癖……ダマになってる髪型、苦手だったの？　朝ごはんの味……次々と挙げられるネガティブ材料。なかなかに自虐的だ。かつては毎日が楽しかった。幸せの海で浮かれ過ぎていた。それが……。

シビアな現実を唄った、痛々しくて哀しい歌のはずなのに、なぜだろう？　どこか心地いい。気分が浮き立つ。澄んだその歌声が、すっと胸に入ってきて、じわーんとあったかく広がっていった。

牛丼を食べるのを中断して、手元のスマホでググると、どうやらそれは、あいみょんの歌らしい。なあんだ、あいみょんか。なるほど、あいみょんなら知っている。大ファンというわけじゃないけれど。

ギターを持った小動物系のかわいい女の子が、けっこうハードっぽい旋律で、髪をなびかせ、唄っている。テレビで見て、へぇ、と思った。じっと見入ってしまった。喋ると関西弁で、サバサバしていて、いかにもイマ風の女子で、感じがいい。くちびるの脇のホクロが、ちょい色っぽい。

いつの間にか人気者になっていた、そんな気がする。その年で4年連続の紅白歌合戦出場というから、一般的な知名度も相当に高い。なんせ、あの20歳でパーフェクトゲームを達成した千葉ロッテの佐々木朗希《ろうき》投手が、あいみょんの大ファンだというのだ（佐々木投手の登場曲は、あいみょんの『今夜このまま』）。

夏のオールスター戦のベンチだった。西武ライオンズの山川（どすこい！）穂高《ほたか》選手が、つば九郎よろしくスケッチブックに書いたメッセージをテレビカメラに見せていた。

〈お前…俺の許可なしで、あいみょんと対談してたな？〉

山川はピコピコハンマーで佐々木朗希の頭を叩《たた》いていた（笑）。山川選手も、あいみょんの大ファンなのだ（その後、山川は私的なトラブルで謹慎することになったが）。

ともあれ、すごいなあ、あいみょんの人気は……と思い知らされる場面だった。

けれど、彼ら若いスポーツ選手と、もはや62歳の私とでは、同じアーティストの曲を聴いても、浮かぶ感情や、触れる琴線の音色は、ずいぶんと異なるだろう。ましてや一人暮らしの高齢者が、夜明け前の牛丼屋でひっそりと聴く、あいみょんのその歌声は……。

恋人の痕跡が消された歌

件の曲は、『3636』という。えっ、いったいどういう意味だろう？　しかも、その数字は、まったく歌詞に出てこない。謎だ。

歌の言葉に耳を澄ませると、さらに不思議なことに気づく。嫌われた、飽きられた（と思いこんだ）恋人に、その理由を推理して次々と訴える。自分の髪の寝癖や、アレンジの効いていない料理の味付けや……と、あれほどずらずらと並べ立てたのに、さて、その肝心の恋人の姿が、まったく描かれていないのである。これは、すごい！　と感嘆した。

歌の構造としては、捨てられた女の〝みれん〟を唄う、かつての艶歌と同工異曲だ。女心が主題であって、相手の像はあやふや。しかし……。

たとえば、自分の新曲のプロモーションをなんと国会で（！）答弁する、今では恥知らずな老タレント議員と成り果てた演歌歌手が、半世紀も前に唄ったあの大ヒット曲。そこでは、あなたの「うそ」が「折れた煙草の吸いがら」で判明した。証拠物件があったのだ

（餃子の王将、元社長の殺害容疑者のように！）。

あなた＝恋人の痕跡はたしかに存在した。けれど、あいみょんの『３６３６』では、まったく恋人の痕跡が消されている。証拠物件がかけらもない。完全犯罪である。恐ろしい。ハッと気がついた。もしかしたら……恋人なんて存在しないんじゃないか？　ヒッチコックの映画『サイコ』の母親のように、恋人はすでに死んでいる。実は、それは一人暮らしの女性の妄想を告白した歌なんじゃないか？　そんなことが次から次へと脳裏に浮かぶ。牛丼はすっかり冷めていた……。

あいみょんの『３６３６』を、その後、何度も聴いている。そのうち、だんだんわかってくる。なるほど、この歌は〝ナルシシズムの質〟が高いのだ。恋人の姿を抹消して、彼女の想いだけが切々と唄われる。そこに「折れた煙草の吸いがら」が出てきたら、煙草を吸わない男性に想いを寄せる女性が聴いたら、シラケてしまう。そう、この歌の世界には、あいみょんしかいない。その、たった一人のあいみょんの想いに同化できる者にとっては、なんとも心地いい。ナルシシズムが満たされる。それは女性に限らない。私のような一人暮らしの還暦過ぎの男にとっても同様だ。

我がフォークアイドルたち

あいみょんの歌は、懐かしい。ああ、これはJポップじゃないんだな。フォークソングだ。私が10代だった頃、街でよく流れていた。

1970年代に接したフォーク女子たちについて思い出す。まずは、チューインガムだ。りかとマミの姉妹デュオ。なんと13歳と11歳（！）、72年に忽然と現れた。私と同世代の女の子2人組が、軽やかにギターを奏で、唄っている。デビュー曲『風と落葉と旅びと』の幼く涼やかな歌声が鮮烈だった。

フォークデュオといえば、明治製菓のチェルシーのCM曲を唄っていたシモンズや、自殺したマラソンランナー・円谷《つぶらや》幸吉《こうきち》の歌『一人の道』のピンク・ピクルスがいたが、両グループとも短い活動期間で70年代前半の内に消えていた。私がまだローティーンで、半ズボンをはいた田舎のガキだった頃である。

明らかにアイドルとは違う。しかし、作られたアイドルにはない、素朴な地声のアイドル性のようなものを、たしかに年少の私は彼女たちに感じ取っていた。

とりわけ、その最高峰の一人が、〈やまがたすみこ〉である。73年2月、16歳でデビュー。彼女の可憐さは、圧倒的だった。肌が透けるように白く、おかっぱ頭で、笑うと八重歯がのぞく。今、当時の写真を見ると「ああ、デビュー当時の広末涼子に似ていたんだな」と気づいた。あの美しい少女は、緑の草原で白いギターを弾いていた。76年7月にリリースされた『夏の光に』は、我が青春の一曲である。

それにしても不思議だ。チューインガム、シモンズ、ピンク・ピクルス、やまがたすみこ……10代の頃、愛聴した我がフォークアイドルたちのことを、その後、ほとんど誰かと話したことがない。まるで夢か幻のよう。彼女たちは本当に存在したのだろうか？　１９７０年代という谷間の時代、ほんの一瞬のあの淡い光の内にしか咲き開くことの叶わなかった、さながら稀少《きしょう》な植物のようである。

フォークの神様が会いたかった女

なるほど、あいみょんはあの70年代のフォークアイドルたちを彷彿《ほうふつ》とさせる。しかし、彼女の歌声はもっとたくましい。力強い。先の『3636』のような同棲カップルを唄った歌は、当時、南こうせつとかぐや姫の『神田川』や『赤ちょうちん』や、あがた森魚《もりお》の『赤色《せきしょく》エレジー』や……と、むしろ男性フォークシンガーらによって唄われていたものだ。そう、まさにど真ん中の70年代フォークの世界。今、あの頃の気分がくっきりと甦ってくる。

そういえば、かつてのフォークの神様が引退を表明した。最後のテレビ出演と称して、その年の夏に放送された特番を見たのだ。そう、吉田拓郎。1946年生まれ。77歳（2023年10月現在）。『旅の宿』や、『結婚しようよ』や……あの団塊の世代のトップランナーが、今ではげっそりと痩せて、顔色がすぐれず、まるで別人のよう。愕然とした。長年の闘病のせいだろうか？　彼を取り囲むアイドルや芸人たちが、空騒ぎして盛んにもてはやすが、拓郎はまったく元気がない。しかし……。

ゲストが登場すると、目の色が変わった。拓郎がもっとも会いたかった人だという。

……あいみょんだ！

吉田拓郎と、あいみょん。ほぼ50歳差の2人が、和気あいあいと語り合う。あいみょんは父親の影響でギターを始め、拓郎を筆頭に70年代のフォークソングに感化されたという(やっぱり!)。

「あいみょんと会って思い出を作りたかった」と拓郎はしみじみと語った。なるほど、かつてのフォークの神様が、最後に会いたかった女……それが、あいみょんなのだ。

「今日、彼女と一緒に帰ろうと思ってる」と拓郎がニヤけると、「内緒って言ったやないですか〜」とあいみょん。ああ、あのギラギラとした拓郎が帰ってきた。微笑ましい。いや、浅田美代子や森下愛子のかつてのファンとしては、積年のその怨みを忘れてはいないけれど(笑)。

急に元気になった拓郎を見て、思った。そう、あいみょんは団塊老人の回春剤である(そういえば、あいみょんはNHKの番組で笑福亭鶴瓶《つるべ》と仲良く旅をしていたし、『タモリ倶楽部』ではタモリと一緒になんとラブホテル談義で盛り上がっていたものだ)。

「3636」の意味とは?

『3636』の謎に戻ろう。

この曲のサビでは突如「宅配ボックスの5番のとこ」と唄われる。そこには2人の思い出が閉じ込められているが、開かないのだという。

太田裕美《ひろみ》の『木綿のハンカチーフ』や、あべ静江の『みずいろの手紙』や、さらには荒井由実の『返事はいらない』や……かつて（70年代）の恋人たちの心のすれ違いは、手紙によって伝えられた。小泉純一郎元総理の郵政改革から17年、ついに「宅配ボックス」がラブソングで唄われたのである。

さらに「宅配ボックスの2番のとこ」には、あなたの面影が閉じ込められていると唄う。「あなたが固く閉ざした／その心　簡単には開かないのです」とも。うーむ、5番と2番の間には、何があったのか？　謎は深まる。

ハタと気づいた。「3636」とは、宅配ボックスの暗証番号だったのだ！　その番号がわかっているのに、固く閉ざされて、扉は簡単に開かない。えっ、なぜに？　いったい、どういうことだろう？

この歌では、恋人たちが一緒に寝起きしていたり、食事をしたりするその生活の光景が、細部までくっきりと思い浮かぶように描かれている。だが、たった一つだけ欠落していることに気づいた。

セックスだ。

そう考えて聴き直していると、ざわざわとした。あっ、と思った。「宅配ボックス」とは、セックスのことではないか？　その扉が簡単には開かないとは、つまり、セックスがうまくいっていないのだ、このカップルは。

「いつもの暗証番号で」というのは、いつもの性交スタイル……性感帯の刺激では、扉は開かない……性感が満たされない、という意味なのだ。そう頭に置いて、ぜひ、この歌を聴いてみてほしい。絶対にそうとしか思えなくなる。

『３６３６』とは、徹底してセックスのことを唄った歌だった。性的な単語を一つも使わないで。いや〜、あいみょん、恐るべし！

単なるスケベおやじの妄想……と笑うだろうか？　調べたら、同棲カップルを唄ったと覚しき、あいみょんの『ふたりの世界』という歌があった。

いきなり「いってきますのキス／おかえりなさいのハグ／おやすみなさいのキス／まだ眠たくないのセックス」と唄われて、仰天した。あいみょんは、ウブな女の子じゃない。

2017年の歌だ。それから5年、セックスは宅配ボックスにまで洗練された（セックスとボックスはみごとに韻を踏んでいる）。

すると「3636」の数字の意味は何だろう？

3＋6／3＋6＝オイチョカブかな？　3＝惨、6／3＋6＝69……とひたすら淫らな性愛の因数分解に頭を悩ませていると、あいみょんのファンの若者が教えてくれた。

「あいみょんの誕生日は、3月6日ですよ！」

（この章の元原稿を作家の重松《しげまつ》清《きよし》さんにお送りすると、返信をいただいた。「あいみょんは、声の低さもいいですよね。Ａｄｏ等の超高音ボイスに疲れたシニアには、ほんと、耳に優しい」と、なるほど鋭い。さらには「あいみょんの誕生日が3月6日、僕の誕生日も3月6日なんですよ」とのこと！）

時代はどんどん下降していく

ちょうど半世紀前、突如、18歳の女の子が現れて、1970年代のフォークソングを抹殺した。〃四畳半フォーク〃と名指して嘲笑し、鮮やかに時代の旋律を変えてみせたのだ。

ユーミン。そう、荒井由実……後の松任谷由実である。フォークからニューミュージックへ、上昇幻想の風に乗って、歌もニッポン人の心もカラフルに浮遊していった（中央自動車道が〝中央フリーウェイ〟と呼びかえられ、その道が「まるで滑走路／夜空に続く」と飛翔《ひしょう》するかの如く唄われたように）。時あたかもドルショックを経て、変動相場制の導入によって我が国の通貨＝円の価値もぐんぐんと上昇し続けた。

2022年秋、円の価値は急激に下落して、1ドル＝140円を超えて、150円へと迫る。これは30年前の値で、いや、実質実効為替《かわせ》レートでは50年前、なんと1972年の水準だという。

そういう時に還暦過ぎの男が、夜明け前の牛丼屋で一人、その歌声に耳を澄ませている。これはJポップじゃない。フォークソングだ。自分が10代だった頃、1970年代に聴いた、あの懐かしい旋律だ。

時代が確実に下降していく。

ユーミンから、あいみょんへ。

その澄んだ歌声が、切なく胸に響く。

ウクライナでの戦争は終わらない。みんなまだマスクをしている。元首相は凶弾に倒れ、大臣がまた辞めた。政権の支持率も、円の価値も、どんどん下降していく。おそらく私は、たった一人で死んでゆくだろう。妻も子もいない。寂しい末路を迎えるだろう。いや、自分の選択の結果だ。自己責任だ。仕方ない。

でも……。

いったい、どこで間違ったのか？　私は……私たちは。暗証番号はわかっているのに、扉は開かない。ただ心地いい、諦念の音色に抱かれるようにして、ゆるやかな下降を生きていく。

あいみょん、君の歌を聴きながら。

☆平手友梨奈《ひらてゆりな》とは何だったのか？

２０１０年代は東日本大震災に始まり、新型コロナウイルス禍に終わった。アイドル界にとってそれはどういう意味を持つのか？

恰好《かっこう》の資料がある。高橋栄樹《えいき》監督による２本のドキュメンタリー映画だ（高橋栄樹はアイドルの優れたミュージックビデオを数多く手掛けている）。

１本目は、ＡＫＢ48のドキュメンタリー。『DOCUMENTARY of AKB48』と題するシリーズの第２弾『Show must go on 少女たちは傷つきながら、夢を見る』（２０１２年1月27日公開）である。

冒頭、いきなり〈東日本大震災〉のテロップが映る。瓦礫の被災地を走るトラックには、ＡＫＢ48のメンバーらが乗っていた。みんな不安そうな顔だ。震災からまだ間がない。そんなところへアイドルがやって来ていいのだろうか？　被災地の荒野に停車したトラックの荷台がステージとなり、白いシャツとジーンズの短パン姿のメンバーらが飛び出してきて、唄い、踊る。『会いたかった』。つめかけた子供たちは満面の笑みだ。弾けるように喜びをあらわにし、精いっぱいの声援を送る。背後では制服姿の自衛隊員たちがずらりと立ち、じっと無言でその様を見守っていた。

……衝撃的な映像だ。心を強く揺さぶられた。単純な感動ではない。その後、長らくＡＫＢ48グループはチャリティー活動を続けている。発端の生々しさがそこにはあった。

他方、この映画では同グループのバックステージが赤裸々に描かれている。巨大コンサートの裏側で、疲労や心労でバタバタと倒れ、酸素吸入器をあてがわれるメンバーたち……。すさまじい。さながら戦争映画を見ているようだ。アイドルの華やかさのみではない、過酷なその現場。未曽有の大災害に始まる２０１０年代、いわば〝サバイブ〟の時代への予兆を、それはくっきりと表象していた。

秋元康には独自の〈振り子理論〉がある。時代の流行が右へ行ったら、次は左へと行くはずだというのだ。そう、振り子が極点に達すると、その後、必ず反対方向へと揺り戻るように。２０１１年、ＡＫＢ48の公式ライバルとして乃木坂46が結成された。ライバルグループを同じ秋元がプロデュースする。それも彼の振り子理論に基づくものだろう。

なるほど乃木坂46は、まさにＡＫＢ48の対極だった。ＡＫＢが何でもありのお騒がせ集団なら、乃木坂はお嬢さま女子校のような清楚《せいそ》な美少女グループである。10年代後半に至り、乃木坂の人気はＡＫＢをしのいだ。

その乃木坂46の姉妹グループとして誕生したのが、欅坂46である。振り子はまた逆に振れた。清楚で美しいだけじゃない。癒し系とは違う。激しいダンスパフォーマンス、過激なメッセージソング、にこりともしない。笑わないアイドルだ。そうして、その中心にいるのが……平手友梨奈である。

２００１年生まれ。14歳でデビューした。平手は最初から絶対的エースだった。乃木坂の白石麻衣《まい》がファンに押し上げられる形でトップに立ったのとは、違う。ある意味、欅坂46とは平手友梨奈のためのグループだった。平手一人が体調不良で休むと、武道館公演さえ中止になった。他のグループでは考えられないことだ。平手友梨奈は作られたカリスマか？　やがて彼女は本当に笑わなくなり、その言動や健康状態がひどく心配もされた。

『不協和音』という曲がある。２０１７年にリリースされた欅坂46の代表曲だ。サビでセンターの平手が「僕は嫌だ！」と叫ぶ。痛烈なメッセージソングである。ダンスの激しさも際立っていて、ＮＨＫ紅白歌合戦でこの曲を披露した後、メンバーら数名が倒れる騒ぎともなった。

２０２０年８月、突如、この『不協和音』が再び注目を浴びる。香港の民主活動家・周庭（アグネス・チョウ）さんが逮捕され、保釈後の記者会見で「『不協和音』の歌詞がずっと頭の中で浮かんでいました」と発言したのだ。同曲には「ああ　まさか　自由はいけないことか」というフレーズがあった。香港の若き女性活動家と日本のアイドルの『不協和音』が交響した瞬間である。

しかし、その時、もはや欅坂46の平手友梨奈は存在していない。同年１月、突如、グループを脱退した。いったい、なぜ？「理由は、言いたくありません」とラジオ番組で発言、いわば無言の「僕は嫌だ！」という表明だったのか？　欅坂46は消滅した。

５年にわたる同グループの軌跡を記録したのが、映画『僕たちの嘘と真実 Documentary of 欅坂46』（２０２０年９月４日公開）である。これはすさまじいドキュメントだ。平手友梨奈という傑出した存在と、彼女を取り囲むメンバーらとの確執と共闘と散華するその姿が生々しい。平手と欅坂46は行けるところまで行った。血まみれ、傷だらけで、この時代のアイドルの極限まで達したように思う。

平手友梨奈とは何だったのか？

秋元康が仕掛けた〈振り子〉が極点に達して、揺り戻ることなく引きちぎれ、どこか遠くへ飛び去ってしまったように見える。

平手は事務所を退所して、あのＢＴＳを世に送った韓国のプロダクションＨＹＢＥの傘下の芸能プロへと電撃移籍を遂げた。今後の動きもまったく予想がつかない。

奇しくもこの年は、新型コロナウイルスが世界中に蔓延した。緊急事態宣言が発令され、がらんと誰もいない渋谷の風景が件のドキュメンタリーで映し出される。それはおよそ10年前、同じ監督によって撮られたＡＫＢ48ドキュメンタリーの〈東日本大震災〉の光景と呼応する。この二つの荒野の狭間に、２０１０年代のアイドルたちは生きていた。

終章　アイドルを「推す」ということ

あの女の子を推した証拠

ほんのちっちゃな女の子だった。

ステージ上には日本中から集まった美しい少女たちが、ずらりと並んでいる。壮観だ。件の女の子は、その中で埋もれてしまいそうになっていた。

国民的美少女コンテストの審査員を務めたのだ。第7回のその年は、1万5000人以上もの応募者があった。最終審査のステージである。

胸騒ぎを覚えた。あのちっちゃな女の子から目が離せなくなったのだ。何だろう、この感じは？　まるで道端に捨てられた子犬のような女の子である。なんとかしたい。この娘《こ》を見捨てたら、ああ、きっと自分は一生後悔する。強く、そう思った。

審査会が始まった。グランプリや準グランプリ、各賞が決定する。あの女の子の名前は呼ばれない。選からもれた。何の賞ももらえない。

私は異議を唱えた。彼女にも賞を与えるべきだと。他の審査員からはまったく賛同を得られない。冷ややかな反応だ。たった一人、賛成してくれた人がいた。このコンテストを主催する芸能プロダクションの社長である。

「いや〜、だけど表彰状もタスキの用意も、もうないんだよな……」

「社長！　表彰状なんかいいじゃないですか。あの子を選ばなかったら、絶対に後悔しますよ!!」

急遽、審査員特別賞がもう一枠、もうけられた。司会者に名前が呼ばれ、驚いたような顔の少女が立ち上がる。ステージへと上ってゆく。

あの女の子だ。はじけるような笑顔だった。ああ、よかった。自分は、この笑顔が見たかったんだ。

光のステージの中心に、ちっちゃな女の子が1人、ぽつんと立っている。

11歳の上戸彩だった。

1997年8月のことである。このエピソードを私は、何度か書いたり、語ったりした。

「本当ですか？」と訊かれることがある。「本当だよ」と答える。「だって証拠があるんだ」。

黒革のファイルである。

〈開催10周年記念大会　第7回全日本国民的美少女コンテスト〉と金文字が刻まれている。
そう、審査ファイルだ。

選考会の後、「あの女の子を推した証拠として持ち帰りたい」と申し出て、許可を得ていた。〈中森明夫　審査委員〉と記された審査表、ずらりと並んだ名前の〈上戸彩〉のところに三重丸がつけられているのだ!!

ファイルには最終候補の少女らのプロフィールが収録されている。その一番終わり、エントリーNo.20に〈上戸彩〉はいた。〈身長　145㎝〉とある。応募時の写真があった。スクール水着姿のちっちゃな女の子が（自宅だろうか？）畳の上で親指を突き立てている。とびきりの笑顔だ。これは門外不出の秘蔵品である。

シンデレラの魔法

それから13年が過ぎた。2010年12月のこと。豊洲のスタジオへと行ったのである。東宝シンデレラオーディションの審査会だった。全日本国民的美少女コンテスト、ホリプロタレントスカウトキャラバンと並ぶ、3大ビッグオーディションの一つだ。初代グランプリは、沢口靖子《やすこ》。第5回（2000年）には、12歳の長澤まさみがシンデレラに輝く。私が足を運んだのは、5年ぶりに開かれた第7回大会だった。

スタジオに集まった最終候補の少女たちが、ワークショップを受ける。オブザーバーの私たちがチェックして推薦するという仕組みだ。東宝の川村元気プロデューサーに声をかけられ、参加した。会場には、後に東宝映画の社長になる市川南《みなみ》氏もいて「あ、中森さん」と隣席に座らせてくれた。

ダンスレッスンの時である。幼い女の子が突然、泣き出した。元気よくダンスをする少女たちの中で、ひときわ小柄な彼女一人だけがうまく踊れない。両手で顔を覆って泣きじゃくっていた。ごくそばで見ていた私は、その娘《こ》から目が離せなくなる。ゼッケンを確認して、手元の紙に彼女の名前を書いた。

翌年1月、結果が発表された。上白石萌歌《かみしらいしもか》がグランプリ、姉の萌音《もね》が審査員特別賞である。ニュージェネレーション賞は……あの泣いていた女の子の名前が呼ばれた。

……浜辺美波《はまべみなみ》、10歳。

パッと笑顔になる。登壇する時、履き慣れないハイヒールの片方が脱げて、会場が沸いた。シンデレラの靴だ！

その日、忘れたガラスの靴が6年後、彼女の元に差し出されたように思う。東宝映画『君の膵臓《すいぞう》をたべたい』に主演したのだ。興行収入35億円の大ヒット。16歳の浜辺美波は一躍、人気女優《プリンセス》となった。

前年、記録的大ヒットとなったアニメ映画『君の名は。』の主演声優を務め、上白石萌音は国民的女優になっている。東宝シンデレラに輝いた時、上白石萌歌は10歳、萌音は12歳、浜辺美波は10歳だった。大丈夫か、東宝は？　とも言われた。それが、どうだろう。時を経て、彼女らは名女優へと成長した。なんだか魔法を見ているようだ。

そう、（東宝）シンデレラの魔法を――。


さらに12年が過ぎる。２０２２年11月のこと。かつてと同じように、私はまた都内のスタジオへと行った。第9回東宝シンデレラオーディションの審査会である。

やはり最終候補に残った少女たちがワークショップを受けていた。みんな若い……というより、幼い。10歳の娘《こ》が何人もいる。けれど著名な映画監督ら講師たちは、子供を相手にしているといった気配はみじんもない。スタッフも審査員も真剣そのものである。

……と突然、少女たちが歓声を上げた。スタジオに1人の女性が入ってくる。浜辺美波だ。サプライズ訪問である。浜辺は励ましの言葉をかけた。少女らはみな興奮し、頬を紅潮させ、目に涙を浮かべている子もいる。

それにしても、目の前の浜辺美波は美しい。22歳。うまくダンスが踊れずに泣いていたあのちっちゃな子供が、今では輝くばかりのオーラを放つスター女優になっていた。

不思議なもので、最初はみんな無邪気な子供と見えていたものが、ワークショップを経ると、一人一人が生き生きとした個性的な表情で輝き出す。そうして私たちは、これぞと思った候補者の名前を手元の紙に書き記す。

長い黒髪で目鼻立ちがくっきりとした女の子だった。大阪府出身。12歳にしては背が高い。今すぐヒロインになれそう。「西川愛莉《あいり》」と私は書いた。彼女は審査員特別賞に輝いた。

そうして12年前と同様に、私が目を離せなくなった少女がいる。ひときわ小柄だ。あまりにも幼い。それでも……。浜辺美波以来の衝撃を覚えた。彼女を推す人は、そう多くはないかもしれない。しかし、私の「イチオシだ」と市川南氏に伝えた。

グランプリが発表される。彼女の名前が呼ばれた。

……白山乃愛《しろやまのあ》、10歳。

身長130㎝だ。満面の笑みを浮かべた小さな女の子に赤いマントが着せられ、ティアラをつけ、ガラスの靴のトロフィーが手渡される。司会のニッポン放送の吉田尚記《ひさのり》アナが「感触はいかがですか?」と尋ねると、「カンショクって何ですか?」と少女は応じ、会場が沸いた。

矜持《きょうじ》と情熱

帝国ホテルの大広間は、人の群れで埋まっていた。黒いスーツ姿の年配の男性が多い。〈東宝90周年　感謝の夕べ〉である。阪急電鉄の総帥・小林一三《いちぞう》が、1932年に東京宝塚＝東宝を設立した。90周年を祝う宴だ。

見知った顔が、まったくいない。旧知の川村元気に声をかけようと思って来たのだが。川村の姿は見つけられない。来るんじゃなかったかな、と後悔をする。ネクタイも締めず、こういう場所に着てくるスーツも持たない私は、着古したジャケット姿だ。なんとも、みすぼらしい。ワインや水割りを何杯も呑んで、早々と酔っ払った。

真っ赤なドレスに身を包んだ女性がステージに現れ、目を見張る。初代・東宝シンデレラ、沢口靖子だ。続いて、白いドレスのちっちゃな女の子が登壇する。先頃、東宝シンデレラに輝いた、白山乃愛だ。笑顔が愛らしい。さながら妖精のよう。ああ、彼女を見られただけでも、来てよかったかな……。

もう、帰ろうと思った。会場の片隅に長蛇の列ができている。その年、5月に東宝の第15代社長に就任した松岡宏泰《ひろやす》氏に挨拶をしようという人の列だ。松岡氏の姿は、東宝シンデレラの授賞式で見ていた。すらりと背の高い紳士だ。松岡修造《しゅうぞう》氏の兄上である。松岡家の御曹子であり、小林一三の血を引く、サラブレッド。私のような貧乏ライターとは無縁の人だ。

普段から、そうした列に並ぶことはしない。業界関係者らが名刺を渡し、ほんの数十秒ほど言葉を交わすセレモニー。しかし、酔いの勢いも手伝ってだろうか、気がつけば私は列の後尾についていた。30分ほどは待ったろうか。やっと私の番がやって来た。

目の前に、品のいい中年紳士が立っている。
「ライターの中森明夫です」
とっさに私はポケットから紙片を取り出していた。それは先頃の東宝シンデレラについて新聞に書いた私の文章のコピーだ。川村元気に渡そうと思って持参した。〈東宝シンデレラの魔法〉と題する（「毎日新聞」東京夕刊、2022年11月16日付）。授賞式の光景について書いた、その最後の箇所を、松岡社長の前で詠み上げていた。

……東宝の松岡宏泰社長が身を屈し、ひざまずくようにして小さな女の子に栄誉を捧げる。小林一三が創設し、東宝は今年で90周年だ。90年の歴史そのものが、10歳の少女にひざまずく。なぜなら彼女は、東宝の未来だからだ。10年後、同社の第2世紀を輝かせるに違いない。

シンデレラの魔法を支えるのは、映画や女優や……芸能の未来を信じる力なのだ。

虚をつかれたような顔をした松岡社長は、ほどなく、にこやかに笑った。「ありがとう」

と言った。
記事コピーを手渡す。「東宝のことを信じています」と口走ると、逃げるように私は会場を後にした。
ああ、やっちまった。大失敗だ。無礼きわまりない振る舞いだ。天下の東宝の大社長に、面識のない一介のフリーライターが、よりによって面前で自分の文章を詠み上げるなんて……。大人のやることじゃない。酔っ払った勢いとはいえ、あまりにも恥ずかしい。激しい後悔に襲われながら、惨めさと、赤面と、泥酔で私は正体を失っていた。

数日が過ぎた。私の携帯にメールが届く。見知らぬアドレスだ。文面に目を通した。

中森明夫さま
先日は弊社のパーティにご来場いただき、有難うございました。
本心で申し上げますが、シンデレラ関連のコラム記事のコピーをいただいたことが一番嬉しい出来事でした。あのような素晴らしい記事を見逃していたことを恥ずかしく思います。直《す》ぐに総務部に共有し、社内回覧することとしました。

我々の思いを理解してくださり、共感してくださり、更にはご助言くださり、シンデレラ誕生の大きな要素となってくださっていることに感謝申し上げます。浜辺さん選出の際のエピソードは市川さんからも聞いていましたが、きっかけは川村さんの声掛けなのですね。川村さんにもお礼を言わねば！　と思いました。

小さなシンデレラに大きなおじさんがトロフィを手渡しすることの見た目のアンバランスさから、自然と身を屈めたのだと思います。ただ、中森さんの仰《おつしや》る通り我々の未来を託す存在であり、「よろしくお願いします」という気持ちがあったことは事実です。

いただいた記事コピーは大切に保管します。そして時折、目にすることで、自分が慢心しないよう、将来を見据えるよう、心掛けるようにしたいと思います。

メールでの御礼、ご容赦ください。感謝を込めて。

松岡宏泰

不意をつかれた。歓びがわき上がり、全身を駆けめぐる。ああ、よかった。心から、そう思う。

思いは、通じた。しかし、それは大きな会社の偉い人からお礼メールをもらったという喜びではない。松岡氏は、東宝90年の歴史を背負っている。そうして、それを未来へと受け渡す使命を持っている。その矜持が、情熱が、その精神の響きが、いただいたメールの文面からあふれ出ているのを、実感したのだ。

アイドルも同じである。

南沙織が『17才』を唄ってから、およそ半世紀余りだ。その間、何度も〝冬の時代〟を迎えた。アイドルというジャンルは、なくなっていても何らおかしくはない。それが今も存続しているのは、アイドルの過去を支え、未来を信じた数多くの先人たちがいたからだろう。

私もまたその一人にすぎない。

11歳の上戸彩に、10歳の浜辺美波に、かつて私が見たものとは、何だろう？ ……原石の輝きだ。やがてその原石が本物の光を放つ瞬間が来る。必ず、やって来る。
アイドルを「推す」ということは、そう、未来を信じることなのだ。

JASRAC 出 2306953-301

中森明夫（なかもり　あきお）

作家／アイドル評論家。三重県生まれ。さまざまなメディアに執筆、出演。「おたく」という語の生みの親。『アイドルにっぽん』『東京トンガリキッズ』『午前32時の能年玲奈』『寂しさの力』『アイドルになりたい！』『青い秋』『ＴＲＹ48』など著書多数。小説『アナーキー・イン・ザ・ＪＰ』が三島由紀夫賞候補となる。

推《お》す力《ちから》　人生《じんせい》をかけたアイドル論《ろん》　集英社新書一一八九Ｂ

二〇二三年一一月二二日　第一刷発行

著者……中森明夫《なかもりあきお》

発行者……樋口尚也

発行所……株式会社集英社

東京都千代田区一ツ橋二-五-一〇　郵便番号一〇一-八〇五〇

電話　〇三-三二三〇-六三九一（編集部）
〇三-三二三〇-六〇八〇（読者係）
〇三-三二三〇-六三九三（販売部）書店専用

装幀……原　研哉

印刷所……大日本印刷株式会社　ＴＯＰＰＡＮ株式会社

製本所……加藤製本株式会社

定価はカバーに表示してあります。

ISBN 978-4-08-721289-1 C0230

Printed in Japan

a pilot of wisdom

a pilot of wisdom

ヘイトスピーチと対抗報道　角南圭祐
世界の凋落を見つめて　クロニクル2011-2020　四方田犬彦
「自由」の危機　——息苦しさの正体　藤原辰史　内田樹ほか
「非モテ」からはじめる男性学　西井開
妊娠・出産をめぐるスピリチュアリティ　橋迫瑞穂
マジョリティ男性にとってまっとうさとは何か　杉田俊介
書物と貨幣の五千年史　永田希
インド残酷物語　世界一たくましい民　池亀彩
シンプル思考　里崎智也
韓国カルチャー　隣人の素顔と現在　伊東順子
「それから」の大阪　スズキナオ
ドンキにはなぜペンギンがいるのか　谷頭和希
何が記者を殺すのか　大阪発ドキュメンタリーの現場から　斉加尚代
フィンランド　幸せのメソッド　堀内都喜子
私たちが声を上げるとき　アメリカを変えた10の問い　和泉真澄　坂下史子ほか
「黒い雨」訴訟　小山美砂
差別は思いやりでは解決しない　神谷悠一

ファスト教養　10分で答えが欲しい人たち　レジー
非科学主義信仰　揺れるアメリカ社会の現場から　及川順
おどろきのウクライナ　橋爪大三郎　大澤真幸
対論　1968　笠井潔　絓秀実
武器としての国際人権　藤田早苗
小山田圭吾の「いじめ」はいかにつくられたか　片岡大右
クラシックカー屋一代記　涌井清春　金子浩久構成
カオスなSDGs　グルっと回せばうんこ色　酒井敏
「イクメン」を疑え！　関口洋平
差別の教室　藤原章生
ハマのドン　横浜カジノ阻止をめぐる闘いの記録　松原文枝
なぜ豊岡は世界に注目されるのか　中貝宗治
続・韓国カルチャー　描かれた「歴史」と社会の変化　伊東順子
トランスジェンダー入門　周司あきら　高井ゆと里
スポーツの価値　山口香
「おひとりさまの老後」が危ない！　介護の転換期に立ち向かう　上野千鶴子　高口光子
男性の性暴力被害　宮﨑浩一　西岡真由美

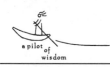